県警VS暴力団

刑事が見たヤクザの真実

藪 正孝

JN019007

文春新書

1263

県警VS暴力団　刑事が見たヤクザの真実◎目次

二　工藤會壊滅を目指して

第二部　暴力団VS市民

はじめに

九十四万人の人口を擁する政令指定都市・北九州市。その中心に建つ小倉城の城内に八坂神社がある。当時の城主・細川忠興によって建てられた四百年の歴史を誇る同社には、毎年正月に市内最多の十万人近い参拝客が集まる。神社には複合商業施設「リバーウォーク北九州」が隣接し、その車寄せを抜ければ国道一九九号線にぶつかる参道となっている。

毎年、その国道沿いで高級車を降り、参拝客でごった返す参道を我が物顔で上がってくる異様な集団がいた。宮司から新年いの一番に祈禱を受けるのはこの集団と決まっていた。野村悟会長（当時）をはじめとする暴力団「工藤會」の幹部一行である。

工藤會の対策本部がある福岡県警小倉北署は八坂神社の目と鼻の先にある。彼らが一般の参拝客を押しのけたり、脅したりでもすれば、迷惑行為として警告、場合によっては逮捕もできた。

だが、彼らはそんなことはしない。何も言わなくても、参拝客は黙って道を開けるからだ。私たち暴力犯担当は苦々しく思いながらも、その姿を監視することしかできなかった。

市民が恐れる工藤會。事実、当時の工藤會は意に沿わなければ、市民に対しても、卑劣で凶悪な暴力を繰り返し振るっていた。

みかじめ料を拒否した店は、駐車する客の車に塗料剝離剤がかけられ、客のいる店内に毒性の強い農薬を撒かれた。幹部のプレーを拒否したゴルフ場の支配人は胸を刺された末に死亡した。入店を断ったスナックのママは刃物で顔に傷を刻まれた。

私にとって、工藤會の壊滅を本気で志すきっかけとなった事件がある。

平成十五年八月に北九州市小倉北区の繁華街にある「倶楽部ぼおるど」で発生したクラブ襲撃事件だ。実行犯の工藤會系組員が投げ込んだ手榴弾によって、店で働いていた女性たち十二名が重軽傷を負った。

ぼおるどは大手企業がよく利用する格式あるクラブで、当時としては珍しく暴力団員の出入りを禁止していた。このため、前年の四月には工藤會系組幹部らが営業中の同店に糞尿をばらまくという威力業務妨害事件を起こし、クラブ襲撃事件の三か月前には、ぼおるどの店長が深夜帰宅中に立ち寄ったコンビニ店の駐車場で、男から刃物で斬りつけられる殺人未遂事件も発生し、工藤會、または他の暴力団関係の両面で捜査を進めているところだった。

私は店に到着して現場を検分した。手榴弾の爆風によって、ソファがひっくり返り、トイレの小便器が粉々になり、壁紙で塞がれていた窓はガラスが外に砕け散っていた。その威力のすさまじさには驚いたが、後日、手榴弾は不完全爆発だったことがわかった。完全爆発だったら、確実に死者が出ていただろう。工藤會を壊滅しなければ、再びこのような事件が起きる——。私は工藤會壊滅に本気で取り組むことを決意した。

このような一般人までも標的とする容赦のない暴力を背景に、工藤會は北九州の利権をわがものとしていった。

建設業界に睨みを利かせ、大型工事の受注額の一～五%が入る仕組みを作り上げていた。関係を断とうとしたゼネコンの事務所には銃弾が撃ち込まれ、建設会社の経営者は射殺された。

そうして北九州は「暴力の街」「修羅の国」と呼ばれ、繁華街を工藤會組員が大手を振って歩いていた。まさにやりたい放題だった。

今、その工藤會の屋台骨が大きくぐらついている。

それは平成二十六年からの福岡県警による相次ぐトップ検挙、いわゆる頂上作戦によるものだ。野村悟総裁、田上不美夫会長、菊地敬吾理事長のトップ3がいずれも殺人事件等で検挙、起訴され勾留中という未曾有の事態が続いている。

市民の態度も変わった。

平成二十一年以降、八坂神社は工藤會など暴力団の集団参拝を拒否している。幹部が愛人との逢瀬に利用していたホテルも、暴力団お断りの掲示を出している。最大の繁華街・鍛冶町、紺屋町でも、それとすぐにわかるような人間の姿は見られない。北九州市は今、全国の政令指定都市でも一番安全な街といっても過言ではない。

ひるがえって、東京をはじめとする他の大都市はどうだろうか。発砲事件など、すぐにそれとわかるような事件は、ほとんど発生がない。しかし、それらの街でも暴力団は存在している。事件がないということは、逆に言えば、その必要がない、つまり彼らの経済活動が順調に行われているということではないだろうか。

暴力団対策法や暴力団排除条例は暴力団に大きなダメージを与えた。だが、暴力団は自らを規制する法律を学び、対策を講じながら、今もしぶとく存続している。

一部には暴力団を社会のセーフティネット、必要悪と見る人もいる。だが、それは間違っている。時にましな暴力団員はいるが、良い暴力団員などいない。暴力団壊滅は道半ばだが、壊滅は可能だし、壊滅すべきである。

福岡県警は工藤會と本気で戦ってきた。時にそれは彼らが引き起こした凶悪事件の遠因ともなっているかもしれない。しかし、その戦いを経て、現在の安全な北九州市があるのは間違いない。

私は昭和五十年に福岡県警に採用されて、平成二十八年に地域部長で定年退職するまで、警察官人生の半分を暴力団、特に北九州市を本拠にする工藤會対策に従事してきた。

本書で詳述する福岡県警と工藤會との戦いを通して、現在も全国に残る暴力団と、日本社会がどう向き合っていくべきなのかが見えてくるのではないか。

きれい事で飾った「ヤクザ」ではなく、真の暴力団の姿を、そして暴力団壊滅のために何が必要なのか、一人でも多くの市民に知っていただきたい。

第一部　工藤會VS福岡県警

一　取締りあるのみ、の時代

ヤクザとの初対決

「なんだ、貴様は！　どこ見て運転しよんか！」

二十四歳だった私は、運転手の組員を怒鳴りつけていた。

昭和五十五年が明けた冬、北九州市小倉北区にある工藤会（現・工藤會）本部前に私は立っていた。商店街近くに建つ六階建ての細長いビルで、事務所前の通りには飲食店や商店が建ち並んでいた。当時、工藤会は元幹部の草野高明が結成した草野一家と抗争中で、機動隊の隊員だった私は、制服に拳銃、防弾チョッキを着用し、工藤会本部の立番警戒にあたっていたのだ。

組員は「戦闘服」と呼ばれる揃いの作業服を着ており、半長靴に、腰には特殊警棒とメガネケース大のポケットベルを身に着けていた。特殊警棒は隠して所持すれば軽犯罪法違反となるが、彼らは公然と携帯していた。

本部ビルは一階が駐車場になっていて、頻繁に幹部の車が出入りするのだが、そのたびに組員たちが中から出てきては、当然のように事務所前の道路を封鎖して一般車両をストップさせるのだ。もちろん、彼らにそのような権利はない。時々、私服の刑事が事務所周辺を見回りに来ていたが、組員らに注意一つしない。天下の公道を我が物のように扱う暴力団員の姿に、若い私は腹が立って仕方がなく、イライラし通しだった。近隣の住民も顔なじみらしい組員には笑顔で挨拶する一方、私たち機動隊には厳しい視線を投げつけてくる。警察官嫌いの市民がいることは知っていたが、よもやヤクザよりも嫌われるとは。むなしい思いを抱えながら、傍若無人な暴力団員と市民を守るために、こうして立っていることに私は納得がいかなかった。

そんな折、バックしてきた組員の車が、たまたまなのか、わざとなのか、私に軽くぶつかった。そこで「貴様！」と怒鳴ったのだ。

「若造が！　お前、制服脱いでから、かかってこんか」

中年の組員は若い警官から怒鳴られては引っ込みがつかないのか、食ってかかってきた。

「お前こそ、バッジ外してから、かかってこんか」

私もそんなことを言い返しながら応酬がヒートアップしてきたとき、事務所の二階の窓から年長の組員が顔を出して、私に諭すように言った。

「あんたらも大概にしちゃんない。こっちもみんな気が立っとんやけ」

後でわかったのだが、工藤会ナンバー2の矢坂顕理事長だった。すると小倉北署の刑事が私に近づいてきて、「お前、いらんことするな」と、その場から下げられた。私は立番警戒の本分を外れてしまったらしい。

これが私のヤクザ、そしてその後、長く対峙することになる工藤會との初めての接触だった。

この五年前の昭和五十年、私は「悪い奴を捕まえたい」という素朴な動機で福岡県警に入った。暴力団を取り締まる暴力犯刑事に全く興味はなく、元々は盗犯刑事を志望していたが、平成二十八年に定年退職するまで、警察官人生の半分を暴力団対策に携わって過ごすことになる。

北九州市で生まれ育った私だが、大人になるまで、身近に暴力団の存在を感じることはなかった。しかし、八幡製鉄所を中心に工業の街として栄えた北九州市には、競馬、競輪、競艇と公営ギャンブル施設が揃い、大きな繁華街を抱え、付随するように暴力団が栄えていた。ちなみにひと昔前まで暴力団員のトレードマークであったパンチパーマの発祥地は北九州と言われている。

福岡県警の宿敵となる工藤會の成り立ちについて説明しておこう。

北九州市を本拠とする工藤會は昭和二十一年頃、博徒出身の工藤玄治が結成した工藤組が元になっている。博徒とは博打を生業とする者である。昭和二十三年に日本初の競輪場「小倉競輪場」が開設されると、工藤はここに警備の名目で組員を送り込み、ノミ行為とノミ屋のみかじめを行うようになった。小倉だけではなく、当時は山口組の本拠地、神戸など、全国でも主催者側が警備名目で公然と暴力団を雇っていた。

昭和三十九年、警察は全国で勢力を増す暴力団の取締りに本腰を入れた。組織の壊滅、弱体化を図るためにトップを逮捕する「頂上作戦」である。

福岡県警でも昭和四十年に暴力団を専門に担当する刑事部捜査第四課が発足し、翌四十一年には工藤組ナンバー2の草野組組長・草野高明を山口組との抗争で起こった殺人事件の指揮者として逮捕した。草野は勾留中に工藤組内草野組の解散を表明。これに対して、工藤は草野を破門にした。親分に無断での解散はヤクザ社会ではあり得ないというのだ。

昭和五十二年、草野組長は出所すると工藤と面会し、シノギ（資金獲得活動）は博打一つで、工藤会（工藤組から改称）のシマ（縄張り）を荒らさないことを条件に、草野一家結成を許された。

だが、その後、両者に再び亀裂が入り、私が工藤会本部の立番警戒をしていたときは、激しい抗争となっていた。昭和五十六年、警戒中の私に窓から声を掛けた工藤会の矢坂理事長と、草野一家若頭のナンバー2同士が繁華街での撃ち合いで死亡した事件で抗争はピークを迎えるが、ほどなく他団体の仲立ちで手打ちとなった。その後も散発的に抗争は起こり、両者が合併した後も、旧工藤会系と旧草野一家系の軋轢《あつれき》は長く続くこととなるのだが――。

とはいえ、暴力団の抗争には多額の資金を必要とする。さらに抗争中は、資金獲得活動はもちろん、行動の自由も大幅に制限され、警察も取締りを強化する。昭和三十年代の山口組のように、相手を圧倒する戦力で屈服させる戦術は通用しなくなっていた。抗争中の二つの団体は自らの意地と面子《メンツ》、抗争に伴う不利益を天秤にかけて、常に互いに拳の下ろしどころを探っているものなのだ。

昭和五十五年三月、巡査部長に昇進した私は八幡警察署の交番勤務となった。そして工藤会と草野一家の手打ちの直後、私は同署の管理係へ異動し、留置場の係となった。

留置場でヤクザを学ぶ

当時の福岡県警では刑事になる前に、犯罪者の取り扱いに慣れるため、留置場部門を必ず経験することになっていた。そのため一年間、留置場にいたのだが、おかげで工藤会の幹部をたくさん知ることができ、暴力団社会の実際を、留置人との雑談などで学ぶことができた。

その頃の八幡署は戦前の建物で、大きな二階建ての扇形留置場が設置されており、最大で四十人ほど留置することができた。このため、八幡署以外で検挙された暴力団員などが次々と送られてきた。看守係は、留置人から言わせれば「担当さん」。しかも若造とはいえ巡査部長、「部長さん」だ。留置慣れした者ほど、それなりの敬意を払ってくれた。

観察していると、留置人の間には歴然とした階層が存在しており、その頂点に立つのが暴力団員、特に幹部だった。覚醒剤使用者や密売人は活動地区が異なっていても、お互いに何らかの形で繫がっており、暴力団員と密接な関係がある。組長クラスが留置場に入ってくるとシーンとなった。

興味深かったのは、覚醒剤関連の被疑者の多くが自らの無実を主張する一方で、他人のことについては、色々と話をすることだ。これを知ったことは後年、工藤會対策で役立った。現在、北九州地区は工藤會一色に塗りつぶされており、そこでの覚醒剤密売にはほぼ一〇〇%工藤會が関わっている。また、工藤會による襲撃事件の多くには、組員だけではなく、親交者も関与しているのだが、その親交者の中には覚醒剤密売人や使用者もいるのだ。工藤會対策を担当するようになって、覚醒剤事件で検挙された彼らが工藤會に関する貴重な情報源となった。

そして、この留置場勤務時代、工藤会や草野一家、合田一家、時には山口組の幹部や組員ら多くの暴力団員の顔と名前、そして性格を知ることができたのも、大きな財産となった。暴力団員の場合、見知っている警察官と知らない警察官とでは、相対するときの態度が全く異なるものなのだ。

「抗争資材」で代紋入り看板を押収

昭和五十七年、私は念願の盗犯係刑事となった。私が盗犯を希望したのは、市民に最も身近な犯罪であるとともに、捜査の基本は盗犯と言われていたからだった。窃盗犯人は、通常、自首してくることはない。聞き込みや、被害品の捜査、犯罪手口から犯人を割り出し検挙する。捕まえても、大部分の被疑者は最初、否認する。多数の余罪があっても、できるだけ隠そうとする。それを明らかにするのが盗犯刑事の本領なのだ。

一方、暴力団事件では、殺人や発砲事件でも、当時はほとんどの場合、犯人が自首してきていた。それはつまり、暴力団側が差し出してきた犯人であり、実際に事件を起こした当人かどうかも疑わしい。暴力犯刑事の中には、それが当然と思っている者もいた。そんなものが捜査と言えるだろうか、刑事になったばかりなので口にこそしなかったが、頭の中ではそう考えていた。

今の警察と暴力団の関係では考えられないが、当時は刑事が暴力団事務所でお茶を飲むこともあった。

管轄の八幡西区の繁華街に合田一家の事務所があり、盗犯係刑事の私も先輩刑事に付き従って時々立ち寄った。ソファに案内され、当番責任者の組員と雑談する。暴力団内部の突っ込んだ話をすることはなく、互いの顔つなぎ的な目的が大きかった。前に述べたように、暴力団員は顔見知りの警察官かそうでないかによって、がらりと態度が変わるからだ。

壁のボードには組員の名札が掛けられ、勾留中や服役中の者の名札はそれぞれの枠内に掲示されていた。新入り組員は、わざわざ組幹部が私たちに紹介してくれる。指詰めをさせられたのだろう、お茶を持ってきた組員の左手に包帯が巻かれていることもあった。今なら指詰めを強要したとして幹部などの事件化を図るところだが、当時はそんな発想はなかった。立ち寄り結果についても、暴力犯係長への口頭報告程度で、報告書を作成することもなかった。平成四年に暴力団対策法が施行されると、暴力団側も警察官の組事務所への立ち入りを拒否するようになるが、当時はこういった牧歌的ともいえる習慣が残っていたのだ。

その頃、日本最大の暴力団・山口組には激震が走っていた。昭和五十六年に三代目・田岡一雄が死去したのち、昭和五十九年に若頭の竹中正久が四代目に就任すると、跡目を争った山本広らが山口組を飛び出して一和会を結成。平成元年に一和会が解散するまで、死者二十五人、負傷者七十人を出す「山一抗争」が続いた。

福岡県内でも山口組による抗争が起きていた。県内は福岡地区、北九州地区、筑豊地区、筑後地区の四エリアに分けられる。福岡市の山口組系伊豆組と、筑後地区をほぼ勢力下に収めて福岡市内に進出しようとする道仁会とがぶつかっていたのだ。これは「山道抗争」と呼ばれた。

ときに市民をも巻き込む抗争は許しがたいことではあるが、暴力犯刑事にとっては、暴力団の弱体化を図ることができる好機の側面もある。このとき、福岡県警で取締りの陣頭指揮を執り、あらゆる法律を駆使して徹底的に暴力団の力を削ごうとしたのが当時捜査第四課理事官の古賀利治警視だった。

抗争となると伊豆組、道仁会双方の事務所にはたくさんの組員が詰めて相手側の襲撃に備えている。福岡県警では、警察官職務執行法第五条の「犯罪の予防及び制止」という名目で、詰めている組員を警察署に「任意同行」した。抗争の防止を警告するという名目で機動隊員を動員し、「任意」とはいえ、半ば強制的に同行した。また、事務所には友好団体などから多数の食料品が届けられ山積みとなっていたが、それらの米俵、インスタントラーメン、更には暴力団事務所の看板まで「抗争資材」として次々と差し押さえていった。この方式は、その後、県内の他団体にも活用され、昭和末には県内暴力団の代紋・名称入り看板類はほとんど差し押さえられ、組名の看板を掲げることはできなくなった。

このように、当時の暴力団対策は取締り一辺倒だった。目の前の事件、もしくは過去の事件を掘り起こして、暴力団員を逮捕する。だが、反社会的組織である暴力団は、そもそも一定の組員が収監されて社会不在になることを前提として成り立っている。六代目山口組のトップが収監されれば若頭が組織運営をし、若頭が収監されれば幹部の合議で運営をするといったようにだ。そのため、取締りだけでは、暴力団を壊滅に追い込むダメージは与えられなかった。暴力団そのものが社会で居場所をなくすようにする「暴力団排除」の考えが重視されるようになるのは、まだまだ先のことだった。

工藤会と草野一家の合併

昭和六十二年六月、長年対立してきた工藤会と草野一家は合併し、工藤連合草野一家（以下「工藤連合」）となった。

総裁に工藤玄治、総長に草野高明、若頭に草野一家若頭の溝下秀男、本部長が工藤会理事長の野村悟という体制である。一本化により、工藤連合は北九州地区で最大の暴力団になった。

福岡県警も工藤連合発足を黙ってみているわけにはいかない。同年九月、本部捜査第四課特捜班と北九州地区警察署の捜査員合計約百五十人態勢で、小倉北警察署に「北九州ブロック暴力団特別取締本部」を設置した。県警では、それ以降ほぼ全期間、百名以上の態勢で工藤會対策を続けることになる。

工藤連合は北九州地区の利権掌握を強化するなかで、立て続けに事件を起こした。

昭和六十二年十二月、工藤連合からのみかじめ料要求を断った小倉北区のヘルスセンター駐車場で、工藤連合幹部により、駐車中の利用客の車約四十台に塗料剝離剤が撒かれて車が損壊された。直後の翌六十三年一月、同じヘルスセンターで、多数の利用客がいる建物内に毒性の強い農薬が撒かれ、利用客約百五十人が傷害を負った。

工藤連合は県警に対しても牙をむいた。

三月十一日、福岡市の中国総領事館に散弾が撃ち込まれ、過激派を名乗る者の犯行声明が報道各社に送付された。三月二十九日、福岡県宗像市で、県警捜査第四課の元警部宅が放火され、隣家も含めて全焼した。この二つの事件はその後の捜査により、平成二年に工藤連合極政会幹部らを検挙した。

福岡県警では、通常三月と八月に人事異動を行っている。人の入れ替わりが行われるこの時期、若干、警察の態勢も弱くなる。工藤會では、この時期を狙って襲撃事件等の凶悪事件を起こすことがよくあった。

暴力団対策法施行

昭和が平成に変わり平成二年三月、警部補に昇進していた私は、門司署の盗犯係長、北九州市警察部の機動捜査係長などを経て、県警本部刑事部捜査第四課に異動になった。暴力団を担当する四課に初めて配属されたが、盗犯志望だった私にとっては一度も希望したことのない部署である。

だが四課に来た以上、やはり捜査をやりたいと思い、特別捜査班を希望したものの、暴力団排除を担当する刑事部参事官付を命じられた。参事官は暴力団排除活動の中で、生命保険や損害保険などの暴力団対策協議会を担当していた。私がやる仕事は、それら協議会関係者との連絡、調整、そして参事官の秘書兼運転手であり、暴力団そのものと対峙することはなく、物足りなさを感じていた。そのため、捜査経験のある四課のデスクから、耳学問で暴力団について少しずつ学んだ。

平成四年、暴力団取締りに大きな力を持つことになる法律が施行された。「暴力団員による不当な行為の防止等に関する法律」。いわゆる暴力団対策法（暴対法）である。

暴力団を法律上で初めて定義し、「その団体の構成員（その団体の構成団体の構成員を含む。）が集団的に又は常習的に暴力的不法行為等を行うことを助長するおそれがある団体」と定め、一定の条件で「指定暴力団」に指定することができると定めた。さらに指定暴力団員がその威力を背景に、要求行為をすることを禁じた。

だが当初、この暴対法への四課の捜査員たちの評判は芳しくなかった。「せっかく法律を作るなら、暴力団そのものを禁止しろ」「（要求行為への）中止命令なんかかけても、暴力団員が言うことを聞くわけがない」「三年ごとに指定しなおすなんて大変だ。一回指定すれば、それでいいじゃないか」といった意見が多かった。暴力団について素人だった私自身も、暴対法はまどろっこしく感じた。

現場の評判がよくなかった中止命令だが、実際はみかじめ料の要求に対して大きな抑止効果を上げた。

みかじめ料の要求は多くの場合、恐喝事件に該当する。だが大抵は被害者側が相手を暴力団員と認識しており、敢えて暴力団員側が脅迫や暴行を加えなくても、逆らった場合に起こることを想像して被害者側は不当な要求に応じている。その場合、恐喝事件としての立件は難しい。また、立件するためには、被害者からの被害届、参考人供述調書の作成、その他の証拠資料の収集といった捜査手続きを踏まなければならない。そもそも、被害者が暴力団側のお礼参りを恐れ、被害の届出を拒むことも多い。

そういったグレーゾーンの行為でも、中止命令は可能だ。被害者が相手を指定暴力団員だと認識していれば、その背後にある指定暴力団の威力は十分に理解されているからだ。

中止命令の場合、事実関係の裏付けは当然行うが、簡単な事情聴取書の作成で足りる。

また、暴力団員は命令に従えば、逮捕されることはない。下手にお礼参り等を行えば、今度は警察から徹底的に取り締まられることになる。彼らは逮捕されなかっただけ得と考えるものだ。暴力団員が最も恐れているのは事件が発覚して、警察に逮捕されて服役することなのだ。

執行部の世代交代

その頃、工藤連合では第二世代へと交代が進んだ。合併からわずか三年後の平成二年十二月、工藤連合草野一家では工藤総裁、草野総長の健康問題などから、工藤総裁が名誉総裁に、草野総長が総裁となり、実質トップの二代目総長を溝下秀男若頭が継承し、ナンバー2の若頭には野村悟本部長が昇格した。同い年の溝下と野村はまだ四十代半ばだった。翌年に入院中だった草野総裁が病死すると、溝下総長が工藤連合を完全に掌握することとなった。

長く実権を握ることになる溝下秀男総長と、野村悟若頭（現・総裁）について触れておきたい。

昭和二十一年に非嫡出子として生まれた溝下はもともと愚連隊として溝下組を率い、中《なか》間《ま》市内に地盤を築いた。昭和五十三年、草野一家の傘下組織と抗争になるが、溝下が草野総長の舎弟、草野一家田川支部長・天野義孝傘下に加わることで和解となり、草野一家に加入して溝下組を極政会と改称した。

先述した工藤会との抗争では、相手の最有力組織だった田中組の田中新太郎を極政会組員が殺害。その後、草野総長から抜擢され、新参者ながら草野一家ナンバー2の若頭になり、古参で年上の上原旦久がナンバー3の本部長となった。のちに溝下に反発し、工藤会との合併に反対していた上原を極政会組員が殺害し、責任を問われた溝下は若頭を更迭《こうてつ》されたが、すぐに若頭に復帰した。上原殺害については、親分の草野高明も事前に了承していたという説もある。

工藤会との抗争では、次第に草野一家側が優勢となっていくが、これは切れ者だった溝下総長の力によるところが大きかったと言われている。

一方の野村若頭も同じ昭和二十一年の生まれ。溝下とは対照的に裕福な農家に生まれた。田中組の出身で、つまり渡世上の親を溝下の極政会に殺されたことになる。溝下と野村の二人は、表面上は友好的な関係を続けていくが、このことが後の極政会系と田中組系の緊張関係につながっていった。

桃田事件

その野村若頭とかつて田中組内で出世を争ったライバルが殺害される事件が起こった。

平成六年春、警部になっていた私は筑豊地区・直方《のおがた》警察署の刑事課長に異動となった。私はこの直方署で、初めて工藤會の事件に本格的に関わることになる。

直方署は、筑豊地区北部の直方市と鞍手《くらて》郡二町を管轄している。管内中央を南北に遠賀《おんが》川が流れ、直方署も川沿いにあった。まさに川筋だが、暴力事件も少ない平穏な街だった。管轄のすぐ北は工藤連合草野一家の勢力範囲である北九州地区だった。北九州地区では、平成五年に門司区内の土谷会が工藤連合に加入し、同年十二月には合田一家の内紛から、北九州市内にあった三つの合田一家傘下組織すべてが工藤連合に鞍替えし、北九州地区は工藤連合ほぼ一色となっていた。

平成六年七月のある日の夜、直方市内で拳銃による殺人事件が発生した。

被害者は、三次団体の工藤会田中組桃田組・桃田静夫元組長（当時41）だった。

桃田は、九年前の昭和六十年、三代目田中組の跡目を野村悟若頭と争って敗れ、工藤会による絶縁処分後、所在不明となっていた。だが事件発生直後の私には一体何者なのか全くわからなかった。

現場は桃田元組長の実父宅隣りの空き地だった。事件当時、東京方面から舞い戻った桃田は、工藤会から身を隠すため、実父宅に住んでいた。実父宅の裏口からつながる空き地はトタンの塀で囲まれており、道路から空き地を経由することで、隠れて出入りすることができた。桃田は人目を気にして、そこから実父宅に出入りしていたようだ。

殺害された桃田は、道路側から空き地に数メートル入ったところに横たわっていた。後ろから撃たれて倒れたところを、さらに数発撃たれて絶命しており、目を閉じ、口は半開きとなっていた。地面に広がった血だまりが無ければ、眠っているようだった。

事件発生後直ちに、捜査第四課筑豊地区担当の特捜班が応援に入った。通常殺人事件となれば、県警本部から捜査班が入り、捜査を主導する。班長は、四課時代に一緒に警部に昇任した藤﨑寛人警部だった。藤﨑班長は、古賀利治課長が捜査第四課課長補佐時代には、その下で情報係長を務めていた。当時の情報係は、福岡県内の主要暴力団トップの事件情報を収集する係で、太州会会長や山口組伊豆組組長を検挙するなど、優れた実績を上げていた。

経験の長い藤﨑班長は、桃田のことも知っていた。

田中組では昭和五十四年に初代・田中新太郎が殺されると、木村清純が二代目となったが、野村は木村と対立して、木村を引退に追い込んだ。そして、野村と三代目を争ったのが、筑豊地区に本拠を置く田中組直方支部長の桃田組組長・桃田静夫だった。結局、桃田は争いに敗れ、工藤玄治会長に脱会通知書を送り付ける。これは引退ではなく、独立するという意思表示に他ならない。怒った工藤は桃田を破門。のちに絶縁処分とする。暴力団内の処分で絶縁は最も重く、永久追放を意味する。ちなみに破門も追放処分だが、復縁も有り得る。円満脱退が除籍、引退である。

絶縁処分の直後、直方市内の桃田の自宅の車に三発の銃弾が撃ち込まれた。工藤会からの殺害予告と言っていい。若頭以下組員八名が桃田組を脱退し、工藤会への復縁を願い出た。桃田はその頃、暴力行為で逮捕されて一年十月の懲役に服するが、出所後、東京に身を隠した後で地元に舞い戻ってきた。絶縁・所払い処分になっていた桃田が、再び地元に戻ってきたために、合併して改称していた工藤連合から襲撃された可能性が最も高いとみられた。

そんな中、事件翌日に一人の男が直方署に自首してきた。工藤連合田中組、その傘下の田上組組員A（当時30）である。Aは犯行に使用された回転式拳銃二丁と、ご丁寧にも着替え、洗面道具一式を用意してきた。ちなみに工藤會はその後、県警には徹底して反抗的な態度を貫いたので、このような凶悪事件で組員を「自首」させてきたのは、この事件が最後だと思う。

Aは一人で二丁拳銃で被害者を撃ったと供述したが、付近の聞き込みから犯人は二人と考えられた。そのため、まずはAを拳銃不法所持で現行犯逮捕した。

この桃田事件で、私は二つのことを学んだ。一つは、暴力団事件であっても、基本どおりの捜査が大事だということ。もう一つは、暴力団、特に工藤會の凶悪性と北九州市民に与えていたその脅威である。

基本どおりの捜査とは、被疑者の供述のみに頼らず、聞き込みや鑑識活動などの現場捜査、情報収集や裏付け捜査を徹底するということである。

しかし、当時、暴力犯担当者の中には、暴力団員が殺人や発砲事件などを起こしたときは、自首してくるのが当然と考えている者もいた。私が最初に担当した盗犯捜査では、初犯者ならともかく、職業的な窃盗犯人が自首してくるなど考えられない。暴力団事件捜査も、捜査は捜査である。暴力団側の「自首」を期待したり、「自供」に頼ったりすることは危険だ。その場合、自首してきた犯人の供述頼みとなり、裏付け捜査が不十分となる。そのため、実行犯の背後に存在する、事件を命じた上位者に対する追及も不十分になりがちだ。場合によっては、本当の犯人ではなく、暴力団側が〝用意した〟犯人である可能性すらある。

藤崎班長は、その当たり前の捜査、正攻法の捜査を信条としていた。

当時、直方署の刑事は二十人程度、暴力犯係は二人だけだった。このため、地域課や生活安全（生安）、交通、警備などからも応援を出してもらった。捜査の素人が大半だったが、藤崎班長が具体的に指示するので、素人集団でも少しずつ情報を取れるようになっていった。情報収集はダメで元々、まずは情報を持っていると思われる人間に直接会って話を聞くということを学んだ。工藤連合と親しい人間、関係ある者に話を聞くわけだから、警察の動きが工藤連合側に抜けることも覚悟の上だ。会うことすら拒否されたり、虚偽の情報を摑まされることもあったが、中には協力する者も出てくるようになった。

拳銃不法所持で逮捕されたAは間もなく起訴された。起訴後、Aを桃田殺害で再逮捕した。Aが実行犯の一人であることは間違いなかったが、Aは一貫して単独犯を主張していた。

犯行の動機についてAは、「桃田が草野総長に逆らったから」と供述した。

それはあり得ないことだった。

桃田元組長は工藤連合が結成される二年前の昭和六十年に、工藤会を絶縁となっていた。桃田が当時は別団体だった草野一家総長に「逆らう」というのは、論理的におかしいのだ。殺人で再逮捕する頃までには、Aの交友関係などから、Aに関する情報も相当得ていた。Aはもともと、草野一家総長の次男Tが結成したT総業の組員だった。工藤連合結成後は、工藤会田中組傘下の田上組に加わっていた。田上組組長は、現在の工藤會・田上不美夫会長である。

T総業組員当時、Aは当時の草野総長の自宅で部屋住み、つまり住み込みの雑用担当だったことがあり、身近に接した草野総長を尊敬していた。

誰かが、それを利用してAに桃田元組長殺害を命じたのだろう。

まず考えられるのは、桃田と田中組の跡目を争った野村が率いる田中組傘下の幹部である。

中でも田上組長は平成二年、野村から田中組若頭に抜擢された。若頭はその組のナンバー2である。親分が明確に指示しなくても、親分の意を忖度《そんたく》し、配下の組員を指揮するのが若頭である。

Aが事件翌日、犯行に使用された二丁の拳銃を所持して自首したということは、工藤連合としては、A一人で片付けるつもりだったのだろう。

Aの自首後、直ちに弁護士がついた。工藤連合と関わりの深い弁護士で、毎日のように接見していた。捜査側が弁護士との接見内容を聞き出すことは許されない。ただ、取調べ中のAの話の断片から、弁護士は警察側が追及した内容をAから聞き出し、Aには自分自身に関すること以外は供述しないよう口止めしているようだった。

Aの取調べ担当官は、藤崎班のK係長だった。夜、Aの取調べを終えたK係長の報告を、私も班長の横で聞いた。Aの勾留満期が近づくにつれ、報告するK係長の顔が暗くなっていった。Aは、誠実なK係長に徐々に心を開いてきていたが、組織的な関与については黙秘を続けていた。「何も言えんとですよ……」。それがAの口癖だった。

弁護士以外との接見は禁止されていたAだが、現金の差し入れは制限されていなかった。毎日のように、工藤連合の幹部連中が、その役職に応じ、一万円、二万円と差し入れを行った。間もなくその金額は百万円を超えた。これだけでも、工藤連合の組織的な事件であることは明白だった。

捜査対象となる関係者は、すべて田中組で、田中組系田上組の拠点がある北九州市小倉北区、小倉南区の人間ばかりだった。捜査員たちは、田上組との関連が認められる人物についても、次々と聞き込みに回った。捜査員たちの努力で、徐々に関係者から犯行に関わる具体的供述や、それを支える状況証拠を得ることができた。

Aの勾留満期二日前の夜、いつもより早い時間に、藤﨑班長から呼ばれた。班長の前にはK係長が座っていた。その表情は晴れ晴れとしていた。

Aが完全自供した。Aに犯行を指示し、共に元組長を殺害した共犯者、それはAと同じ田上組の幹部Iだった。

間もなく、I（当時38）を逮捕した。Aの供述に加え、状況証拠を突きつけられたIは、最終的に自らの関与だけは認めたが、Iに桃田殺害を命じた人間や、拳銃の入手先などについては黙秘した。

Aの時と同様に、工藤連合の幹部が、次々にIへの金の差し入れに来署した。と同時に、Aへの差し入れが止まった。Iが逮捕されたことにより、工藤連合側に、Aが自供していることが明らかになったからである。その後、Aは懲役十三年でIよりも先に出所し、工藤會に復帰した。だが幹部にはなったものの組長クラスにはなれず、大した報奨金も受け取っていない。一方のIは殺人罪で懲役十八年が確定、服役し、平成二十五年に満期出所した。出所後は工藤會の直系組長となりI組を立ち上げた。Iが服役中、残された家族には毎月生活費が工藤會から支給されていた。出所時には恐らく相当額の祝い金を受け取っているはずである。

この事件で、私はこれまで聞いていた「暴力団員からは情報が取れない」ということが誤りであり、暴力団捜査においても、正攻法の捜査が大事だということがわかった。

しかし、その一方で当時の私には、暴力団壊滅という言葉は浮かびもしなかった。社会から犯罪が無くならないように、それは到底無理なことだと思っていた。私は元組長殺人事件の実行犯二人を検挙したことで満足していた。

捜査の過程で、北九州市で暴力団と関わらざるを得ない市民や事業者は、工藤連合の暴力の影響下にあることが、私にもわかってきた。聞き込み先の一つに、田上組と関係のある中古自動車販売店があったが、その経営者は、毎月のみかじめ料の支払いに窮し、一度は田上組との関係を断とうとしたそうである。ところが、しばらくして、展示中の車すべてのガラスをたたき割られた。警察に被害届を出したが犯人は捕まらなかった。そのことから、警察に対しては強い不信感を抱いていた。

同じような話が次々に出てきた。北九州地区には一般社会のルールと、裏社会のルール、すなわち工藤連合によって決められたルールがあったのだ。

福岡県内で工藤連合の存在感は増していた。桃田事件の捜査を進めていた平成六年九月から十月にかけて、北九州市を中心に、一か月の間に十六件という異常な件数の連続発砲事件が発生している。

ホテル、パチンコ店、銀行支店、外車販売店、フェリーターミナル、建設会社、区役所出張所、ファミリーレストラン……。至るところに銃弾が撃ち込まれた。その後の捜査により、十六件のうち六件が検挙され、いずれも工藤連合の暴力団員らによるものだった。暴対法施行の三年目であり、市民の間に暴力団排除の動きが高まる中、手を切ろうとするホテルやパチンコ店などへの牽制の狙いがあったと思う。実際に、一連の発砲事件は北九州地区の市民に工藤連合の恐ろしさを誇示するには十分だった。福岡県警はさらに本腰を入れて、工藤連合と対峙しなくてはならなかった。

二　工藤會壊滅を目指して

警察庁へ

平成七年は阪神・淡路大震災、オウム真理教による地下鉄サリン事件、國松警察庁長官狙撃事件と大事件が続発した年である。

國松長官が撃たれた二日後の四月一日付で、私は警察庁に出向となった。出向先は刑事局暴力団対策部暴力団対策第一課（現・組織犯罪対策企画課）だった。業務は暴力団対策法に基づく暴力団の「指定」と、事件以外の暴力団情報の「分析」を担当した。分析とは、各都道府県警察から報告される主要暴力団の動向、主要幹部の人事、組織実態などについてである。

私が着任した時は、山口組や住吉会、稲川会、そして工藤連合などが二度目の指定を迎えた時期だった。一度目の指定に対して、山口組や京都の会津小鉄、工藤連合、沖縄旭琉会が指定取消訴訟を提起しており、警察庁も慎重に指定の作業を行っていた。平成七年二月には山口組が訴えを取り下げ、この年の九月までに、残りの三団体についても請求は棄却され、その後確定した。

当時、工藤連合の悪質性は周知の事実だった。しかし、優先順位としては山口組、そして首都圏に勢力を有する住吉会、稲川会といった勢力の大きな暴力団に関心が向けられていた。

私は工藤連合の指定に関する決裁のため、刑事企画課のO課長のところへ報告に行った。

「工藤連合なんて指定する必要あるの？　山口、稲川、住吉を指定すれば十分じゃないの？」

とO課長から質問された。O課長は、捜査経験も長く、捜査指揮に関する優れた著作もある方である。悪意のない素朴な疑問だということはすぐわかった。私は自分の経験を含め、工藤連合を指定する必要性について説明した。O課長は多忙な中、三十分ほど私の話を聞いてくれた上、最後には印鑑をついてくれた。

しかし、福岡は東京から遠い。それを実感した。

警察庁の暴力団対策部門に出向したことで、帰県後も暴力団対策に関わる確率が大になった。その頃には私自身も、暴力団の取締り、特に工藤連合の取締りを担当したいと思うようになっていた。

色々と勉強になった三年だった。ただ気になったのは、暴力団の組織実態解明は進みつつあったが、その資金実態については、十分解明できていなかったことである。それまでの暴力団対策は、目の前の事件の犯人を捕まえる取締りに精いっぱいで、暴力団がなぜ存続できているのかの分析までは手が届いていなかった。暴力団側も伝統的に資金源については固く口を閉ざす。組織存続に必要な金、つまり資金源の実態解明の必要性を感じながら帰県した。

主要暴力団の平和共存路線

私が警察庁にいた三年間に、暴力団対策法による規制を受けた指定暴力団同士の大同団結が進んでいた。

平成八年九月、五代目山口組・渡邉芳則組長と関東を代表する暴力団の稲川会・稲川裕《ゆう》紘《こう》こと稲川土《と》肥《い》会長とが五分の兄弟分となり、両団体は親戚関係となった。渡邉組長は平成元年七月に五代目を継承したが、その時の後見人は稲川土肥会長の父、稲川会・稲川角二総裁という経緯があった。

その半年前、平成八年二月には、山口組若頭補佐（三代目山健組）・桑田兼吉組長、五代目会津小鉄会（京都）・圖越《ずこし》利次会長、共政会（広島）・沖本勲会長がやはり五分の兄弟盃を交わしていた。共政会会長は、平成三年一月に、二代目工藤連合・溝下秀男総長と五分の兄弟分となっていた。このため、溝下総長と、桑田組長、圖越会長は「回り兄弟」と呼ばれる兄弟分となったのだ。

福岡県内でも主要暴力団の連携が進んでいた。平成七年八月、溝下総長の提案で、北九州地区の工藤連合、筑豊地区の太州会、筑後地区の道仁会の三団体が、「三社会」を結成した。これにより、三団体は、互いに友好関係を強め、互いの縄張りを尊重することを決定したのである。

次頁の図1は、現在の福岡県内の暴力団勢力図である。平成十七年十月には、熊本県の熊本會（未指定団体）が加わり「四社会」となった。

福岡県は北九州地区を工藤會、福岡地区は福博会と山口組傘下組織、筑豊地区を太州会、筑後地区を道仁会がそれぞれ支配し、すみ分けることとなった。現在では福岡地区には、工藤會、道仁会、浪川会の傘下組織も存在している。

三社会は、本来、山口組に対抗する目的もあったようだが、元々、草野一家は山口組伊豆組と親戚関係にあった。三代目山口組当時、初代伊豆組長と草野高明総長が兄弟分とな

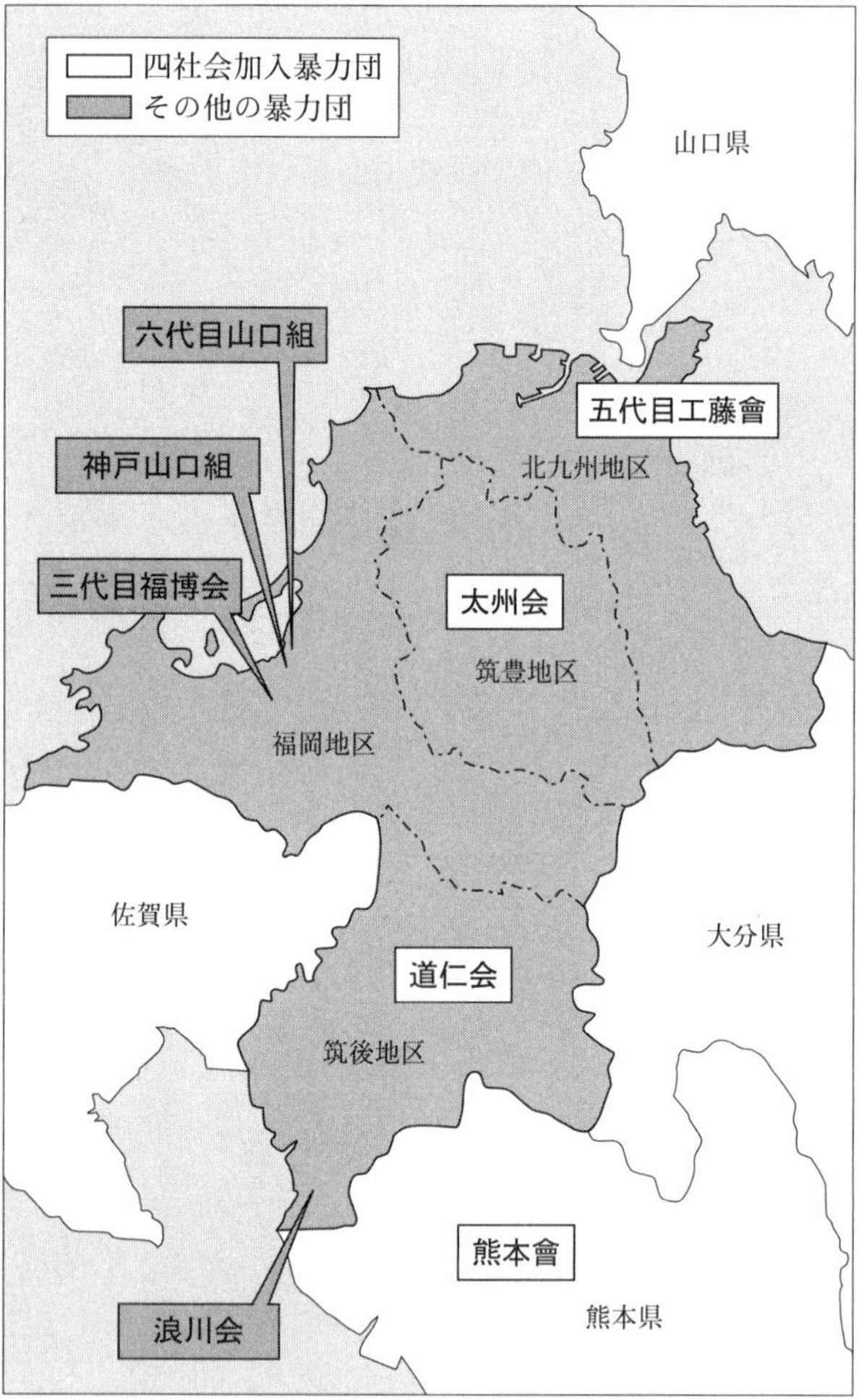

図１　福岡県内の暴力団勢力図（著者作成）

っていたのである。そして間もなく、工藤連合・溝下総長は山口組系山健組・桑田組長と回り兄弟となった。

詳細な時期は不明だが、溝下総長は、その後、山口組・渡邉組長とも友好関係を結んだ。これにより、山口組は「遠賀川を越えない」、つまり北九州地区には進出しないとの黙約が成立していた。

なぜ、暴力団同士の平和共存路線が進んだのか。暴対法では、指定暴力団同士の抗争時に暴力団事務所の使用制限が行えるようになった。元々、抗争となると、双方、多額の資金と暴力団員を消耗し、抗争に勝利した側も大きなダメージを受けることになる。工藤連合が北九州地区、太州会が筑豊地区、道仁会が筑後地区の利権を掌握した結果、彼らはそれぞれの縄張り内でやっていくことを決意したのだろう。それは各々の経済圏で組織が十分やっていけるということでもある。暴対法によって暴力団への締め付けが厳しくなってきたことへの対応でもあった。

平成六年の連続発砲事件以降、福岡県内では事業者襲撃事件や抗争事件の発生もなく、表面的には落ち着いた暴力団情勢だった。

平成八年三月、福岡県警は、捜査第四課の態勢を増強した上で、一旦、県下四地区に設置していた現地本部態勢を解くことにした。この年十月、工藤会の初代、工藤玄治名誉総裁が病死した。八十六歳だった。

北九州港湾工事のキーマン射殺

三代目溝下体制のもと、工藤連合は利権拡大の動きをさらに活発化させていた。それに伴い、市民の犠牲も生まれていく。

私が帰県する二か月前の平成十年二月十八日夜、小倉北区繁華街の外れ、古船場町のクラブ前で、男性一人が射殺された。被害者は元漁協組合長・梶原國弘氏（当時70）だった。その日、クラブ近くのラジオ局ではミュージシャンによる公開収録が行われて観覧客が多数集まっており、現場は騒然となった。

梶原氏は、北九州市の港湾工事に影響力を持ち、当時、利権を狙う工藤連合からの要求を断り続けていた。前年九月には梶原氏の親族宅等に対する発砲事件が発生していた。背景には平成八年三月に北九州市が響灘に面する若松区に、総事業費一千億円といわれるコンテナターミナルの建設計画を発表したことがある。この利権をめぐって、水面下で梶原氏側に対する工藤連合の働きかけが始まっていたのだ。

平成十年四月、福岡県警は再び約一百二十人態勢で「工藤連合草野一家壊滅対策特別体制」を構築し、工藤連合の取締りを強化した。

翌年一月、工藤連合は「三代目工藤會」と改称した。三代目は当時の溝下秀男会長を指す。梶原事件以後、工藤會と関係する一部建設業者はこう語るようになった。

「警察は命まで取らないが、工藤會は命を取る」

つまり、警察よりも工藤會の言うことをきかなければならないということだ。

工藤連合結成以降、繰り返された企業やパチンコ店等に対する発砲事件、そしてこの梶原事件によって、工藤連合による北九州地区に対する恐怖支配は、完成したのだった。

平成十年四月、私は三年ぶりに福岡県警に復帰した。担当は暴力団対策課（現・組織犯罪対策課）暴力団排除担当課長補佐だった。

これまで語ってきたが、取締り一辺倒では暴力団は滅びない。社会の中に暴力団の居場所をなくすための〝排除〟の重要性が高まっていった時代だった。そこでの主役は警察ではなく、一般市民だ。

暴力団対策法に基づく事業者支援の一つとして、不当要求防止責任者講習という制度がある。

事業所ごとに暴力団排除活動の責任者を選任してもらい、定期的に暴力団の情勢や暴力団との対応要領などの講習を行うという制度である。受講者にとってのメリットはステッカーと公安委員会からの受講証明書を交付されることだ。ステッカーを事業所の出入り口に貼り、公安委員会の名が入った受講証明書を応接室などに掲示すれば、暴力団側も逮捕を恐れ、そのような事業者への不当要求は避けようとする効果がある。

警察や暴追センターでは、「暴力団追放三ない運動」として、「暴力団を利用しない」「暴力団を恐れない」「暴力団に金を出さない」ということを言っていた。現在は、これに「暴力団と交際しない」を加え、「暴力団追放三ない運動＋1」と呼んでいる。

受講者の中には、これまで暴力団から実際に被害を受けた人もいる。そんな人に対して、警察署の幹部が「暴力団を恐れない」と話すと、明らかに白けている様子を感じた。「一年か二年で転勤するあなたたちに何がわかるのか」と言われているようだった。私は、「暴力団を恐れない、それは無理ですよね」と話すようにした。大体、居眠りしている人も、この言葉で目を覚ます。「よく警察は『お礼参りなんてありません』と言いますが、時にお礼参りもあります」。こう続けると、身を乗り出す人も出て来るようになった。

お礼参りがあるとき

実際にどんなときにお礼参りがあるのか。

大きく分けて三つある。一つ目は暴力団側、特に首領クラスの面子に関わる場合、二つ目は大きな資金が関係する場合、三つ目は被害者側が悪い場合である。具体的なことについては第二部で説明するが、逆にこの三つに該当しない場合、早めに警察等に相談し、適切な対応をすればお礼参りはない。

講演ではこう続ける。

「暴力団を恐れない、それは無理です。しかし、暴力団を必要以上に恐れないでください。なぜなら、彼らはプロだからです。何のプロか？　脅しのプロです。プロは無理しません」

無理をしないとはどういうことか。暴力団対策法が施行されてから令和元年末まで、指定暴力団の不当要求等に対して、合計約五万八百件の中止命令と約千九百件の再発防止命令が行われている。これに対し、命令違反は合計でもわずか約二百三十件、〇・四四％にすぎない。

令和元年には全国で千百十二件の中止命令と三十二件の再発防止命令が行われている。

これに対し、中止命令違反は○件、再発防止命令違反は四件で全員検挙されている。命令違反をすれば逮捕されると暴力団はわかっている。ほとんどの場合、彼らは逮捕されるようなリスクを取らないのだ。

今まで、数千件の暴力団関係の相談、事件に関わってきた。その中で、私がお礼参りがあるかもしれないと思ったケースが二十数件あった。うち十数件で実際にお礼参りがあった。しかし、ないと判断した事案で、お礼参りがあったことはない。

組長の娘の披露宴

暴力団組長の面子に関わる事案で、成功した事例を紹介したいと思う。

約二十年前、福岡市内のあるホテルが、暴力団関係者の結婚披露宴を断りたいと相談して来た。

指定暴力団二次組織組長の娘の結婚式だった。ホテル側が、正式に契約をした後、披露宴参加者名簿に「○○会相談役」など、指定暴力団の肩書のある来賓等がいることがわかり、暴力団関係者と気付いたのだ。

当時は暴力団排除条例はおろか、ホテルの契約書に暴力団排除条項等もなかった。しかも、披露宴まで約一か月しかない。

民事上の契約は既に成立している。もし、この段階で披露宴を拒否すれば損害賠償責任も生じる。また、暴力団幹部の娘とはいえ、新郎新婦はあくまでも普通の市民である。

相談を受け、条件闘争でいくことにした。その条件とは、披露宴は契約どおり行う。しかし、他の利用者の迷惑にならないようにする、そして、今後は一切ホテルへの出入りはお断りする、というものである。ホテル側の代理人としての交渉は、民事介入暴力（民暴）の専門弁護士にお願いした。

交渉の結果、新婦側の来賓の出入りは正面玄関ではなく、別の出入り口にする。そして今後はホテルを利用しないということで相手側の納得を得ることができた。

ホテル側はそれでも不安を感じていたので、私たちは披露宴当日、警戒班を作った。私もホテルマンを装って、披露宴会場で待機することにした。ホテルの記章を借り、黒っぽいスーツで披露宴会場前に立ったのだ。実は新婦の父親の組長とは面識があった。組長は私が八幡署の留置場勤務時代、一か月近く留置されていたのだ。だが組長は私の前を通ったものの、全く気づかなかった。披露宴は無事終わった。

その後、そのホテルはこの件を教訓として、「暴力団関係者のご利用はお断りします」

という看板を出し、契約約款にも暴力団排除条項を入れた。この披露宴から二十年近く経ったが、そのホテルに対して嫌がらせ、お礼参り等は全くなかった。組長も予定通り娘の披露宴を行うことができ、最低限の面子を保つことができたからだろう。

ゴルフ場に廃油がまかれた

暴力団排除では苦い経験もある。

平成十二年の夏、北九州市内のあるゴルフ場から、暴力団排除の相談を受けた。相手は四代目工藤會・溝下秀男総裁、野村悟会長ら工藤會トップたちだった。

暴力団幹部にはゴルフ好きが多いが、この二人もそうだった。

ゴルフ場から相談を受けた私は、お礼参りの可能性が高いことを説明した。プレーを断られたとなれば、工藤會トップの面子に関わる。そして、一か所のゴルフ場が排除を行えば、他のゴルフ場にも排除が波及していく。工藤會の面子にかけても、何らかの手段に訴えてくるだろうと思った。

ゴルフ場側は役員会で検討した上で、排除を決意してくれた。管轄警察署とも協議し、できるだけパトカーなどによるパトロールを行うことにし、ゴルフ場側には防犯カメラの設置を勧めた。

だが防犯カメラの設置は間に合わなかった。八月二十八日夜、このゴルフ場のグリーンの一部が掘り返され、廃油が撒かれた。

福岡県警では春と夏の二回、定期異動があり、そのタイミングに乗じて事件が起こることがよくあった。私は八月三十日付で警務部監察官室の特命監察官付への異動が決定していた。

異動日の三十日から九月一日にかけて、そのゴルフ場と、市内小倉南区にある別のゴルフ場が同じような被害に遭った。更なる凶行も起こった。小倉南区のゴルフ場も工藤會幹部のプレーを支配人が前面に立って断っていたが、十月二十二日深夜、支配人の自宅に男が侵入し、支配人の左胸を刃物で刺し逃走したのだ。翌年、工藤會系暴力団幹部らを逮捕したが、支配人はこの傷が原因で平成十三年末に亡くなった。

無力感と工藤會に対する怒りが残ったが、暴排の流れを止めるわけにはいかない。

暴力団排除によって、暴力団を辞めたいと思う組員も出てくる。

平成十年秋には、福岡県警が暴力追放福岡県民会議と共同で行った県警初の暴追ビデオの制作に関わった。この時制作したのは『離脱・自由への道』という三十分ほどのビデオで、暴力団からの離脱をテーマにした。既に警視庁や大阪府警などが暴力団との対応要領について独自の暴追ビデオを制作していたが、暴力団からの離脱をテーマにしたものは存在しなかったので、市民に暴力団の実態と離脱支援について広く知ってもらいたいと思い制作した。暴力団員には社会に居場所を与えず、離脱した者には居場所を与えることが暴力団の弱体化につながるからだ。

俳優の八名信夫さんら悪役商会の皆さんに出演していただき、シナリオも制作もプロが手がけた。脇役はすべて当時の暴力団対策課員である。

県警初ということで新聞、テレビは大きく取り上げてくれた。

私たちはプロの制作現場を見て、自分たちでもビデオの制作ができるのではないかと考えた。翌年、ホームビデオカメラで暴力団等対応要領のビデオを制作した。編集機材などはなく、ビデオカメラ二台を繋いで編集を行った。出演はもちろんすべて暴力団対策課員、制作費も一万円少々だった。このビデオも話題となり、各種講習などで活躍した。

結局、暴力団対策課時代、続いて二本の暴追ビデオを制作し、その後も何本か制作することになった。

工藤會対策の実質責任者へ

警務部監察官室で警視に昇任し、博多署の刑事管理官を経て、平成十五年三月、私は工藤會担当に戻った。その一か月前、恐喝未遂事件で服役していた田上不美夫若頭が出所し、溝下総裁、野村会長に次ぐナンバー3の理事長へ就任していた。対策を強化するため、県警は北九州地区暴力団犯罪対策室を立ち上げ、捜査四課管理官の私は副室長となった。捜査四課長は県全域を担当するため、私が実質的な工藤會対策の責任者となり、約百人の捜査員を率いることになった。

私は工藤會の弱体化を図るため、その資金源に切り込みたいと考えていた。この時、生安からも何人かの専従捜査員を派遣してもらい、生活経済事件や風俗事件など生安の事件に専従する特捜班一個班を設置した。北九州ではヤミ金の背後に工藤會が見え隠れしていたが、十年近く手つかず状態だった。資金源を断つため、ヤミ金の取締りなど生安部門が得意とする分野での工藤會取締りを強化するのが目的だ。特捜班長の補充がどうしても調整できなかったため、夏の異動までは管理官である私が班長を兼務することになった。

ある班では前年から、北九州地区の大型工事に強い影響力を有すると目されていた福岡県議の内偵を進めていた。工藤會の影響力は政治家にまで及んでいたのだ。

四月、議員の資金管理団体関係者三人を政治資金規正法違反で逮捕、六月には議員本人を同法違反で逮捕し、その後、公職選挙法違反で再逮捕、いずれも起訴、有罪となった。県議会では全会一致で議員辞職勧告を受け、同議員は八月に辞職した。

事件捜査自体は成功だったが、二つ残念な点が残った。

一つは、議員と工藤會との関係を十分解明できなかった点である。

議員は、高校時代の友人である工藤會田中組元幹部Tとの交際は認めた。後に触れるようにTは小倉北区、小倉南区の大型工事に介入していた。しかし、議員は自らの大型工事への介入や、工藤會との関係については否認を続けた。

もう一点は、捜査の過程で、議員関係先からミカン箱などに入った現金約五億円を押収したものの、議員の収入であると立証できず、大部分を返還せざるを得なかったことだ。現行の日本の課税制度では、税を課す側が、当人がいつ、どのように得た収入だったかを具体的に立証しなければ、所得とは認められないのだ。

工藤會と十社会

工藤會に限らないが、暴力団は構成員が個別に資金獲得活動を行い、本部へ上納する。

工藤會では平成十五年までは、地元で大きな工事があると、地元の傘下組織が介入し、工事代金の数パーセント程度を受け取っていたようだ。そして一旦はその全額を上納し、半分はその組に戻ってくるという仕組みだった。

小倉北区、小倉南区では、先述の田中組元幹部のTという男が、ペーパーカンパニーを作り、地元有力業者と組んで大型工事に介入していた。Tと組んでいたある建設業者は平成六年度に三億四千万円だった売り上げを、平成八年度は七億三千万円、平成九年度には十二億円と増やしていった。

以前から、北九州地区の大型工事に工藤會が介入していると言われていた。ただ、断片的な情報しかなく、具体的なことは判明していなかった。平成十年には県警はTや、Tと関係の深かった建設業者Kを建設業法等違反で検挙した。しかし、T、Kともに肝心なことは一切話さなかった。Kは建設業許可を取り消されたが、間もなく妻名義で別会社を起ち上げ活動を再開したのだった。

Tは業者から得た金の一部を着服していたとの話があり、田上組長が出所した平成十五年二月下旬、それが工藤會側にばれそうになったという。精神不安定になったTは薬物に頼るようになり、薬物乱用が原因で死亡した。

この平成十五年春以降、「七社会」「八社会」という言葉が、北九州地区の一部建設業者らから聞こえてくるようになった。田上組長出所後、このKが中心となって、それまでTが取り仕切っていた大型工事を、田上組長が直接仕切るようになった。その関係企業が最初七社だったことから、「七社会」と呼ばれたようだ。七社は八社とも言われ、まもなく「十社会」と呼ばれるようになった。

私が班長を半年兼務した生安特捜班だが、生活安全部は優れた捜査員を差し出してくれていた。また、夏には専任の班長も任命され、十年近く、手つかず状態だった工藤會によるヤミ金事件などで容疑者を次々に検挙し、それまでは単なる情報に止まっていた工藤會関係の建設業者の内偵も始めた。彼らの工事実績等を分析してみると、これら業者が、不自然に多くの工事の受注をしていること、互いに深い関係にあることがわかってきたのだ。この十社会以外の企業は、北九州市内の大型工事からはじき出されていた。

少しずつ、建設業者からも具体的情報を得ることができるようになった。

毎月末、関係企業がKの会社に集まり、そこには工藤會最高幹部も来るというのだ。班員たちは、Kの会社付近で張り込んだ。情報どおり、十社会と呼ばれる企業の経営者らが次々と集まった。そして、しばらくしてついに工藤會最高幹部が現れた。それは田上組長本人だった。

何としても、この十社会にメスを入れたいと考えるようになったが、その時、工藤會による凶悪無比な事件が発生したため、資金源問題を一度棚上げし、工藤會組員の大量検挙に重点を置かざるを得なくなった。

手榴弾によるクラブ襲撃事件

平成十五年八月十八日、月曜日の午後九時過ぎ、ちょうど私が帰宅したところだった。小倉北署担当の捜査員から電話が入った。

「倶楽部ぼおるどに爆発物が投げ込まれました。犯人は（工藤會系）中島組のKです。Kは現場で取り押さえられましたが意識不明です」

「はじめに」で触れたクラブ襲撃事件である。実行犯の工藤會系組員が投げ込んだ手榴弾によって、その店で働いていた女性たち十二人が重軽傷を負った。投げ込まれた手榴弾のそばにいた数人は顔面、両手両足に火傷を負い、中には、爆風で足首付近が裂けたり、飛び散ったガラス片などで酷い傷を負った女性もいた。工藤會とは何の関係もない女性たちだった。この事件は全国でも大きく報じられ、工藤會の凶悪性は北九州市民以外にも知られることとなる。

私が到着すると、すでに負傷者は救急隊が病院に搬送し、店の関係者らは小倉北署で事情聴取中だった。私は応急的に現場を検分した。手榴弾の破片が飛び散り、付近を破壊しているはずだが、そのような痕跡はない。だが、ソファがひっくり返り、爆発現場の壁板が割れていた（※写真参照。矢印の先が爆発地点）。壁板を隔ててトイレがあったが、小便器が粉々になっていた。店内のガラス窓は上から壁紙が張られており、壁にしか見えないようになっていたが、爆発現場付近の窓は全て内側から外にガラスが砕け散っていた。つまり強烈な爆風が生じたのは間違いない。

事件当時、店の右奥のソファにホステスの女性二十名ほどが待機していた。犯人の組員が投げた手榴弾は一番奥にいた女性の頭に当たって、入口側に跳ね返り、トイレとの境の床で爆発したのだった。手榴弾が爆発した場所には浅い窪みができ、床や壁には煤《すす》がついていた。その後、ソファの下から手榴弾のピンなどが発見された。使われたのは米軍製の「攻撃型手榴弾」だった。

手榴弾というと通常パイナップル型を思い浮かべると思う。これは「破片型手榴弾」と呼ばれるが、パイナップルのように周りに切れ目があり、爆発の際にはこの外壁部分が大

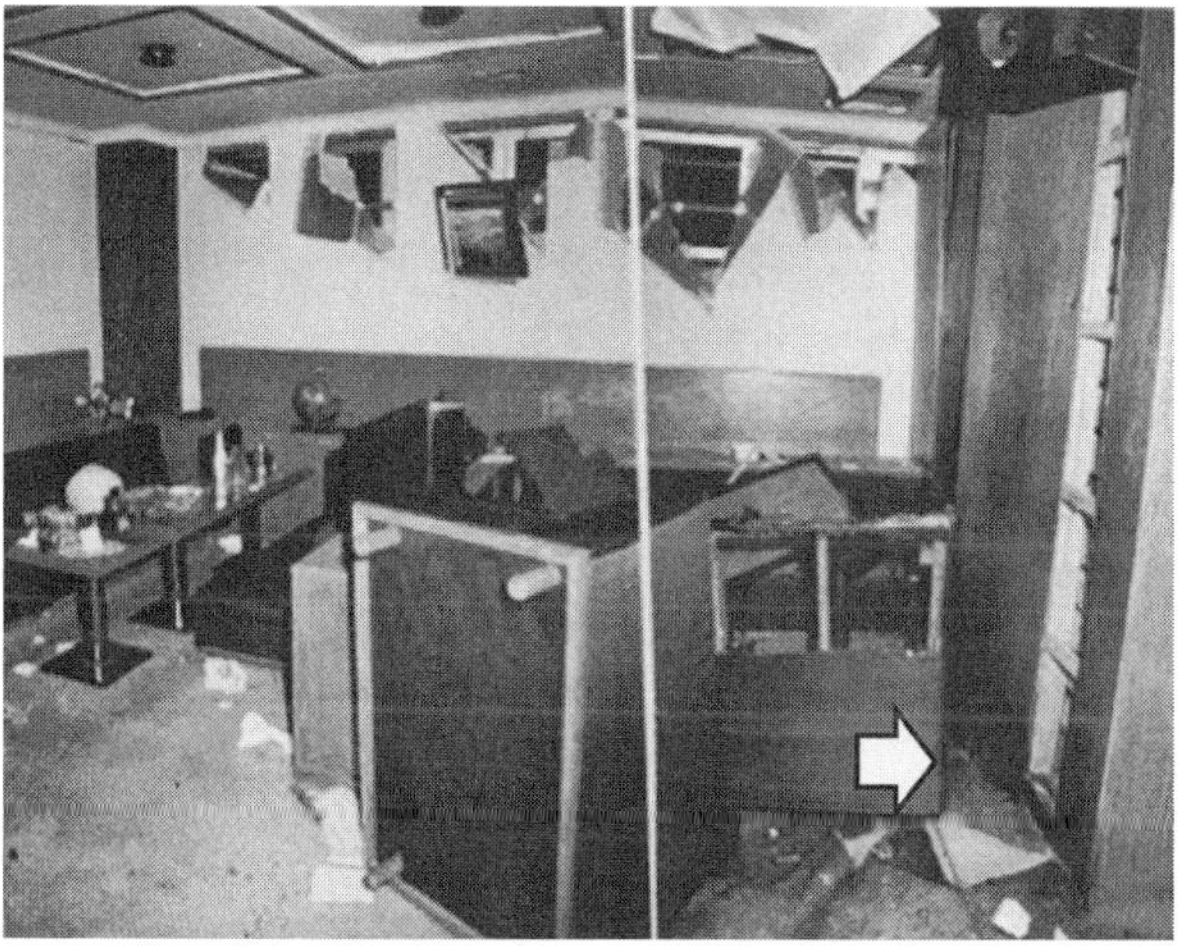

手榴弾を投げ込まれた店内の様子（福岡県警撮影）

小の破片となって飛び散り、その破片で敵を殺傷するのがこの型である。平地で使用すると、手榴弾を投げたほうにも破片が飛んでくる。

一方、この事件で使われた攻撃型手榴弾というのは、TNT（トリニトロトルエン）という強力な爆薬の爆風で近くにいる敵を殺傷するものである。手榴弾の外壁は樹脂などでできている。直近数メートルの敵を殺傷し、破片型のように投げた人間に破片が飛んでくることはない。攻撃に適しているので、攻撃型と呼ばれている。

後日、鑑定の結果、爆薬が不完全爆発したことが判明した。壁や床の煤はそのために生じたものだった。もし完全爆発なら、何名かの女性は確実に亡くなっていただろう。開店後一時間程度だったので、店には数組の客と、二十人ほどのホステス、他に店長や数名の男性従業員がいた。結果的に十二人の女性従業員が重軽傷を負った。

事件を起こしたのは、現在の工藤會本流である田中組系の中島組組員K（当時33）だった。Kは紺色の作業着上下、ズック、手袋を着用し、黒色フルフェイスのヘルメットを被っていた。ぼおるどの入口付近には防犯カメラが設置されており、Kが店内に入るところと、爆発が起こった後、逃走を図り逮捕されるところがしっかりと映っていた。

Kは走って逃げたが、店内にいた店の男性従業員ら数名が追跡し、店近くの路上で取り押さえた。Kはフルフェイスのヘルメットを被っていたため、この時に取り押さえることができなければ、工藤會の犯行であることすら特定できなかったかもしれない。

Kは男性従業員に殴りかかるなど激しく抵抗した。そばにいた通行人も応援し、数人がかりで押さえつけ、ようやく逮捕することができた。Kを取り押さえた従業員二名もKから激しく殴られ負傷した。

従業員らがKを取り押さえた直後、救急隊とパトカーの警察官がほぼ同時に到着した。そのときKは意識を失っていた。そのため、被害にあった女性従業員らとともに救急病院に搬送された。搬送後、Kの死亡が確認された。たまたま病院に急行した捜査員がKを知っており、犯人が工藤會田中組系中島組組員であることが判明したのだ。

Kはなぜ、ぼおるどを襲撃したのだろうか。

事件の少し前まで、Kは工藤會野村悟会長（当時）本家の部屋住みをしており、ぼおるどとの個人的関係はなかった。死人に口なしで、Kを取り調べて工藤會上層部の関与を明らかにする道は断たれてしまった。しかし、仮にKを取り調べても、上層部の関与は一切自供しなかっただろう。ただし前述のように、前年には、ぼおるどで同じ中島組組員による威力業務妨害事件が起きている。

Kは、小倉北区で小売業を営む両親の次男として生まれ、兄は父と共同で店を経営、妹は看護師という普通の家庭に育った。Kの恋人からも事情を聞いたが、事件直前も特に変わったところはなかったようだった。

Kの死因に関しては、さまざまな憶測を呼んだ。

工藤會と親交のある人物などが「Kは自ら舌を噛み切って自決した」「あれは爆弾ではない。閃光弾（光るだけで殺傷能力のないもの）だ」などと主張した。「閃光弾」の根拠となったのは、一部の新聞に掲載された、事件直後の店内の写真である。その写真には傷一つないグランドピアノが写っている。テーブルやソファも整然と並んでいる。だがそれは前述したように、手榴弾がピアノなどから離れた店内奥で不完全爆発したためだったのだ。反論の意味で、異例のことだが、爆発現場の写真を報道機関に公開した。それが先ほどの写真である。

「舌を噛んで自決した」という声もあったが、舌を噛んでも簡単には死なない。噛み切った舌の断片がのどに詰まれば、それが原因で窒息死することはあり得る。しかし、Kの舌はちゃんとあった。そもそもKがその場で自殺する理由が考えられない。

Kの死因は「圧迫死」だった。圧死ともいうが、群衆事故などで時々発生している。胸部を重たいもので押さえつけられたり、群衆の中で身動きが取れなくなったりすると、呼吸ができなくなり死に至るのだ。

警察官が到着したとき、数名が折り重なるようにしてKを押さえつけていた。Kは逃げようと激しく抵抗するし、爆発物を投げ込んだ犯人である。逮捕にあたった従業員らは当然Kを逃がさないよう一生懸命押さえ込む。従業員らはKの腕や足だけではなく、時には首も押さえている。ただそれは死因になるものではない。

解剖の結果、Kの舌骨にも異常はなかった。舌骨は喉仏の上側にあり、絞殺や縊死の場合、折れることがある。Kの場合は絞殺でも扼殺でもない。何よりも一部始終が防犯カメラに映っていた。

それに対して、Kの人権を主張する人々もいた。事件の翌年には作家の宮崎学氏や著名な評論家などが参加し、北九州市小倉北区で「人権を考える」と称する大会が開催され、弁護士らが記者会見を行い、Kの両親らが逮捕者である店の従業員や福岡県に対し損害賠償請求訴訟を起こしたと発表した。Kの遺族は、その前年には逮捕者である従業員や現場警察官を殺人罪で告訴していた。

この「人権」とは襲撃実行犯のKのことで、被害にあった女性たちの人権は含まれていない。Kの遺族の告訴については、福岡地検が捜査の結果、「嫌疑なし」で不起訴とした。また、損害賠償の請求は原告側が取り下げている。

一方、ぼおるどへの脅迫は続いた。事件後、倶楽部ぼおるどはガードマンを雇って営業を再開したが、実弾入りの脅迫状が送られるなどして、事件の翌月には休業、ついには廃業してしまった。「逆らう者は許さない」という工藤會の目的は達成されたのだ。

事件以降、福岡県警は工藤會に対する一斉摘発を続けた。平成十五年は七回の一斉摘発を行い、工藤會組員九十人、準構成員等百二人を検挙した。平成十六年は暴力団員二百人、準構成員等二百九十二人を検挙している。

工藤會組員は平成十五年末で約五百八十人、翌年末が約五百九十人だったから、二年間だけで二人に一人を検挙していた勘定になる。もちろん、罰金となったり、処分保留で起訴猶予となるものもあった。それでも、工藤會組員のうち、実質三分の一程度が勾留、服役で社会不在となっていた。しかし、これだけの取締りが行われたにも拘わらず、工藤會組員は減少するどころか年々増加し、平成二十年末には、県内で約七百三十人と、そのピークを迎えた。取締り中心の暴力団対策には限界があったのだ。

工藤會はその後も市民や事業者に対する襲撃事件を繰り返していくことになる。

一年間で七件の銃撃事件

「ぼおるど事件」があった平成十五年中、福岡県内で工藤會による発砲事件は福岡地区で発生した一件で、捜査第四課福岡地区班が検挙してくれた。県警内には、一連の一斉摘発により、工藤會の活動を封じ込めているという意見があった。だが私は、封じ込めているのではなく、工藤會側が発砲や襲撃の必要性を感じていないだけではないかと思っていた。恐れていたとおり、翌平成十六年は状況が一変した。県内で工藤會による発砲事件が七件発生したのだ。県警はうち三件を検挙し、残り四件についても容疑者は特定している。田上組長が出所し、建設業への利権拡大を図る中、工藤會の意に沿わない相手を脅すことを狙った事件だった。

実行犯はもちろん、通常、彼らが口をつぐんで守ろうとする事件の指揮者まで逮捕に至っており、暴力団による事件の指揮系統などがよくわかる事例なので、詳しく紹介しようと思う。なお捜査の概要については、既に公判で明らかになっているが、登場する関係者は他の未検挙事件にも関係しているので仮名にしている。

組員の恋人の証言

平成十六年一月二十五日午前二時ごろ、北九州市小倉南区で北九州市議会議長宅に拳銃弾三発が撃ち込まれた。一発は寝ていた家族の枕元、一メートルほどの壁に当たっていた。もし銃声に驚いて起き上がっていれば、弾が命中した可能性もあった。

四月十八日午前三時ごろ、小倉北区のパチンコ店経営者宅に、五月二十一日午前三時過ぎ、同じく小倉北区で、福岡県議会議員の自宅に拳銃弾が撃ち込まれた。

六月二十二日午前〇時四十五分ごろ小倉南区の建設会社に、二十七日午前一時十五分ごろ小倉北区のゼネコン北九州営業所に、翌二十八日午前四時ごろには小倉北区の洋服店に拳銃弾が撃ち込まれた。立て続けの銃撃事件に、新聞・テレビの論調も福岡県警に対して厳しさを増してきた。そして九月一日午前〇時五十分ごろ、戸畑区内の大手物流会社支店に拳銃弾が撃ち込まれた。

いずれの事件も工藤會の犯行と推測された。しかし最初のうちは、その原因、動機が皆目わからず、工藤會のどの傘下組織が実行したのかも特定できなかった。

その中で、二番目に起こったパチンコ店経営者宅への発砲事件については、ある組に対する容疑が強まっていた。このパチンコ店の系列店が、六月、筑豊地区の宮田町（現・宮若市）にオープンすることになっており、地元の工藤會I組組長（当時64）が経営者に対して面会を要求したが、経営者側が断固として断っていたのだ。

ただ、I組は組員も数名しかおらず、しかも若頭以下組員全員を前年、中国エステ放火事件などで検挙していた。組長しか残っていなかったので、自らパチンコ店経営者に面会を強要したようである。しかし仮にも組長クラスが自ら銃撃事件を起こすとは考えられなかった。

そんな中、思いもよらないことが起こった。銃撃事件の後、I組長自らトラックを運転し、宮田町のオープン直前のパチンコ店に突入したのだ。組長は逃げもせず、駆けつけた警察官に逮捕された。

I組長は建造物損壊事件については素直に認めたが、発砲事件については関与を否定した。ただ、自分に動機があったことは否定しないし、事件に関わっている様子だった。I組長の交友関係を調べると、同じ工藤會傘下のF組長（当時55）と懇意にしていた。F組長は工藤會本流である田中組の系列であり、若手を中心に四十人近くの組員を擁していた。

F組の関与が浮上した。

小倉北警察署管内では、四月のパチンコ店経営者宅のほか、六月にゼネコン営業所、洋服店への銃撃事件が立て続けに起こっており、捜査員は忙殺されていた。

そんな折、六月三十日夕方遅く、若い女性が友人女性に連れられ小倉北署を訪れた。私たちが注目していたF組の組員の恋人だった。

彼女は組員の池上健（仮名・当時23）から暴力を振るわれるので被害届を出したいと言う。小倉北署の暴力犯係には、連続銃撃事件の処理などで捜査員は残っていなかった。そのため、小倉北署当直員から捜査四課T班に連絡が入り、T班のI巡査部長が事情を聴くことになった。

I巡査部長は大分県警から研修で派遣された二十代の若手で、ゼネコン営業所銃撃事件の犯行使用車両の遺棄現場にも行っていた。

交際中の恋人に対する暴行だが、被害届を出してもらえば、池上を逮捕できる。早速、I巡査部長は彼女から話を聞いて被害者供述調書を作成した。池上は最近、F組に入ったばかりだったので、銃撃事件の実行犯の可能性はほとんどなかった。しかし、I巡査部長は念のため池上の最近の行動について彼女に聞いてみた。

彼女はしばらく考えていたが、思い出してこう言った。

「（ゼネコン営業所銃撃事件のあった）二十七日の朝三時ごろ、アパートで寝ていると彼からたたき起こされました」

ジャージ姿の池上は急いで着替えをすると、洗濯籠の中にジャージを投げ込み、彼女に洗濯するよう言いつけて再び出て行った。

ゼネコンの営業所と、その下請け業者である小倉南区の建設会社への銃撃事件については、早い段階で北九州市都市高速の改修工事絡みであることが判明した。県議や市議会議長宅への事件も、北九州地区の大型工事を巡るものと推測された。これらは前述した大型工事に強い影響力を持っていた県議会議員を前年に政治資金規正法違反容疑等で検挙し、起訴後に同議員が辞職したことが原因の一つと思われた。同議員の影響力が失われたところに、工藤會・田上不美夫理事長に近い建設業者らが工藤會の威力を背景に大型工事に介入を強め、その要求に応じない建設業者等が狙われたのだ。いずれの事件も工藤會トップの意向を受けた組織的犯行と思われた。

その場合、野村会長、田上理事長の出身母体である田中組か、その系列の組の関与が推測された。F組はその最有力候補だった。

銃撃事件は深夜に行われることが多く、目撃者はまずいない。しかし、現場は証拠の宝庫である。現場付近の捜索と聞き込みは絶対に欠かせない。防犯カメラが普及した現在なら、防犯カメラの捜査も重要だ。

ゼネコン営業所が銃撃されたのは午前一時過ぎだったが、幸いにも何人かの目撃者を確保することができた。付近のマンションの住民や通行人が犯人や白っぽいスポーツタイプの乗用車を目撃していたのだ。目撃者の一人は車のナンバーの一部も記憶していた。

実行犯は男一人で、他に車の運転手がいた。犯人は営業所のシャッターに自動式拳銃で三発を撃ち込み、助手席に乗り込んで逃走した。

その半日後、現場から約十キロメートル離れた農道に白の普通乗用車が乗り捨てられているのが発見された。車は一週間ほど前、約三十キロメートル離れた宗像市内で盗まれたもので、ナンバープレートも盗難品だった。

後部ウィンドウなどが割られ、薄くピンクがかった白い粉が、車内にまき散らされていた。消火器二本が後部座席に投げ込まれており、粉は消火剤だった。犯人は指紋等を分からなくするつもりだったのだろう。

容疑者浮上

池上の恋人が署を訪ねてきた日の夜遅くだった。帰宅したばかりの私の携帯にT班長から電話が入った。

「管理官、どうしたと思います？」

「またありましたか？」

班長の話しぶりはどこか嬉しそうだったが、私はまた発砲事件が発生したのかと思い尋ねた。班長が嬉しそうだったのは、池上の発砲事件関与容疑が明らかになったからだった。恋人は暴力を振るう池上に愛想を尽かしていた。そのため池上が脱いだジャージは幸運にも洗濯されることなく、洗濯籠に入ったままだった。I巡査部長たちは早速、彼女のアパートに向かい、そのジャージの任意提出を受けていた。

I巡査部長らが証拠品用のビニール袋に入ったジャージをよく見ると、うっすらと粉末が付いていた。白の手袋をしてそっとジャージを撫でると、ピンクがかった白い粉が付いてきた。後の正式鑑定の結果、この粉末は犯行使用車両にばらまかれていた消火剤と同一のものだった。

池上はF組では新参者だった。恐らく実行犯ではないだろう。しかし、犯行使用車両を遺棄するのに関わったことは間違いなかった。

平成十六年の半分が丁度終わった。前半は工藤會のやりたい放題で、県警は逆風にさらされた。だがこの時、風向きは変わった。

七月一日、朝一番で池上の逮捕状を請求し、F組から出て来たところを恋人に対する暴行で逮捕した。

彼は元々ガソリンスタンドの店員だったが、スタンドに出入りするF組幹部らに誘われて組員となった。現実は厳しく、組当番や組長、幹部の雑用にこき使われ、ヘトヘトだった。恋人との関係もギクシャクするようになり、彼女の浮気を疑い暴力を振るうようになったのである。

池上の父親は亡くなっていたが、母親と姉はまだ彼を見捨てていなかった。

池上が逮捕されると、工藤會と関係の深い弁護士が飛んできた。弁護士は池上本人の暴行事件のことよりも、発砲事件などについて警察から何を聞かれたのかを聞き出そうとしたため、池上は不信感を抱いた。

警察が池上から発砲事件のことを聞くのは、恋人に対する暴行事件の取調べが終わり、起訴等の処分が決まってからのことだ。そうでなければ、暴行事件は「別件逮捕」との批判を招きかねない。警察はまだ何も聞いていなかった。

池上の取調べはT班のO係長とI巡査部長が担当した。二人とも池上は「まだひねくれていない」と考えていた。池上の母親と姉の相談にも親身に対応した。母親たちは池上を暴力団から離脱させたいと思っていた。

池上も、徐々にO係長やI巡査部長に心を開いてきた。暴行事件についても素直に自供していた。暴行事件が起訴されたのを機に、池上は組が付けていた弁護士を解任し、母親たちが依頼した弁護士を選任した。池上は工藤會を離脱した。

池上は暴行事件の起訴後、発砲事件についても知っている限りのことを供述してくれた。

六月二十七日、池上は前日からF組の当番についていた。同じF組の横田敦（仮名・当時19）も当番だった。午前二時ごろ、兄貴分の長杉研一（仮名・当時28）から電話があり「急いで来い。親分の用事ぞ」と長杉の家に呼び出された。駆けつけると、長杉から家の近くに停めていたスポーツタイプの白い乗用車を処分するので手伝うよう命じられた。ところが慣れない車だったので、駐車場所から出る際、ブロック塀で車の左後部をこすってしまった。

途中、小倉南区のマンション駐車場で消火器二本を盗み、車が遺棄された現場まで運転していった。長杉から命じられるまま、車の中に消火器の消火剤を振りまいた。

車の中には長杉が発砲事件の犯行時に使用していた軍手があった。長杉から別の場所で処分するよういわれ、事務所に戻る途中、側溝の隙間から中に捨てた。

また、車を乗り捨てて帰ろうとしたとき、長杉が自分のルイ・ヴィトンの煙草入れがないと慌てていたことも供述した。池上は、長杉を自宅に送る途中、長杉から発砲事件の状況も聞かされていた。

ルイ・ヴィトンの煙草入れは、鑑識活動の際、遺棄車両の助手席シートとドアの隙間から発見されていた。消火器の盗難も裏が取れた。長杉宅近くのブロック塀に真新しい傷跡があった。遺棄車両の左後部の傷と一致した。

軍手を遺棄したのは、小倉南区の市道横の側溝だった。側溝には重たいコンクリートの蓋がはめられていた。市職員に立ち会ってもらい、確認すると隙間から軍手らしきものが見えた。市職員が道具を使って蓋を持ち上げると、池上の供述どおり、両方とも丸めた状態で一双の軍手が遺留されていた。

暴力団事件の捜査であろうと、他の事件の捜査であろうと、犯人や参考人の供述のみに頼ると危険である。車の傷が一致した、消火器が盗まれていた、証拠品遺留現場から供述どおりの品物を発見した、これら一つ一つを積み重ねて行くことが大事なのだ。この時は、それがうまく行った。

犯行使用車両やそれに取り付けられた盗難品のナンバープレートについても、関係したF組組員らを次々に逮捕していった。彼らは二十歳前後と若く、まだ暴力団に染まりきっていなかった。担当した取調官の熱意と誠意で、結果的には大半が事件への関与を自供した。

彼らのうちの何人かは、その後、取り調べた捜査員に協力するようになった。若い刑事は情報を取れないなどと言う者もいるが、それは誤りだ。努力しなければ暴力団関係者からの情報は取れない。しかし、暴力団員や準構成員らも人間だ。嘘をついたりせず、誠意を持って当たれば、彼らの協力を得ることは不可能ではない。

F組集中取締り

この時、幸運だったことが二つある。一つは当時、北九州地区担当の捜査第四課各班の連携と協力がうまくいったことだ。また、関係警察署の全面的協力もあった。連携や協力は当たり前のように思えるかもしれないが、みな自分が手柄を立てたいと思うものなのだ。更には、事件の最終処分を決定する福岡地検小倉支部の理解と全面的協力を得ることが出来た。刑事事件を起訴し、公判を戦うのはあくまで検察官である。特に県民やマスコミが注視しているこの種の事件では検察との意思疎通は重要だ。

もう一つは、F組の性格にあった。組長以下、組員は四十人近くいたが、前述の通り多くは二十歳前後の若い組員で、暴力団に染まりきっていなかった。また、その資金源が覚醒剤密売や、当時は工藤會の大きな資金源だったシンナー密売だったことも大きい。覚醒剤もシンナーも直接所持していれば、それだけで関係者を現行犯逮捕できるし、具体的な容疑があれば捜索も行えるからである。

各班が競い合うようにF組組員の検挙を進めた。最終的に、当時すでに服役していた四人に加え、一連の取締りで組員二十四人と多数の準構成員を検挙した。

北九州地区の各警察署は覚醒剤やシンナー使用で検挙した被疑者たちから、その購入先を徹底的に聞き出した。それらの情報に基づき、F組関係先の捜索を繰り返した。その結果、彼らの自宅などで覚醒剤を押収し、その場で現行犯逮捕することもあった。

また、組員の中には、自ら覚醒剤を使用している者もいた。池上もそうだった。恋人に対する暴行だけなら一度の逮捕、勾留で終わっただろうが、暴行で逮捕後、念のために採尿したところ覚醒剤の陽性反応が認められたため、池上を覚醒剤使用で再逮捕することになった。

ある班が犯行に使用された盗難車両の捜査で、F組組員・黒土洋一（仮名・当時24）ら三人を検挙した。彼らは元々、ある大型質店で強盗をするつもりで、六月二十日に宗像市内の団地でスピードの出る普通乗用車を盗んでいた。盗んだ車は、組員の自宅がある直方市内に隠していた。

その後、黒土に対しF組幹部・長杉研一が「速い車を用意してくれ」と頼んだため、たまたま盗んでいたその車を差し出したのだった。車を盗んだ状況や直方市内の隠匿場所についても裏付け捜査ができた。長杉は、黒土たちにゼネコン営業所のほかに、小倉南区の建設会社銃撃事件についても、自らが実行犯であることを話していた。暴力団内部では自ら起こした事件を自慢することが意外なほど多いのだ。

次々に検挙されたF組関係者の中には、起訴猶予処分となり再び組に戻る者もいたが、このころまでには、釈放後も警察に協力する者を獲得していた。

彼らの情報から、長杉は、池上が逮捕されたことで、池上が自分のことを供述し、すでにゼネコン営業所の事件で指名手配になっていると勘違いしていることがわかった。

無理すれば、すでに長杉を逮捕するだけの材料は揃っていた。しかし、長杉は自らの犯行は認めても、誰から指示されたかなど、上位の者に関することは絶対に認めないだろう。

長杉を逮捕するにしても、事件指揮者に関する情報をもう少し得てからと考えた。

各班が懸命に捜査を続けている中、新たな発砲事件が発生した。八月十二日、小倉北区のマンションで拳銃使用の殺人事件が発生したのだ。被害者は工藤會二代目・草野高明元総裁の次男T（当時43）だった。

銃声を聞いて現場に小倉北署の白バイ隊員が駆けつけると、廊下で遺体の横に拳銃を持った男がいた。警察官が逮捕しようとしたところ、男は室内に逃げ込み、持っていた拳銃で頭を撃ち自殺した。男は被害者Tの叔父で草野高明元総裁の弟（当時64）だった。

二人ともすでに工藤會との関係は切れており、草野元総裁の遺産を巡る不和が原因と認められた。ただ、これが北九州地区でこの年七件目の発砲事件であり、他の六件は捜査は進んでいるものの、未だ検挙されていなかった。新聞報道も「捜査難航、相次ぐ発砲」（西日本新聞）など、再び県警への厳しさが増してきた。

さらに九月一日、戸畑区の物流会社支店への銃撃事件が発生した。待ったなしの状況だった。

ゼネコン営業所銃撃事件の検挙

長杉に対しては、別件の覚せい剤取締法違反容疑事件を固めていたため、この事件で逮捕することにした。

長杉は池上や黒土らが逮捕されたことから、一時、身を隠していた。この頃には長杉の立ち回り先などについても、情報が入るようになっていた。何度か取り逃がした後、九月三十日深夜、長杉が妹とファミリーレストランで待ち合わせているという情報を入手した。長杉は恵まれない家庭に育ち、早くからグレていたが、弟と妹を大切にしており、特に妹のことを心配していた。

「長杉は必ず現れる」

T班のベテラン刑事と若手刑事がレストランに向かった。

突然現れた刑事にあっけにとられている長杉を小倉北警察署まで任意同行後、覚醒剤容疑で逮捕した。

覚醒剤容疑で起訴された長杉と池上の二人を、十月十五日、ゼネコン営業所銃撃に対する容疑で通常逮捕し、報道発表した。草野高明元総裁の次男が殺害された事件を除く七件中初めての検挙だった。すでに秋に入っていた。

状況証拠の積み重ねにより、逃げられないと悟った長杉は、発砲の事実は認めたが、指示者等については口をつぐんだままだった。

一方で、T班以外の特捜班が検挙したF組関係者からも、少しずつ銃撃事件に関する情報が得られるようになっていた。九月十五日に覚醒剤使用で検挙したF組組員・渡辺雄一(仮名・当時30)をA班のベテランM係長が担当した。渡辺は間もなく容疑を認め起訴された。

F組幹部に日山貴之(仮名・当時34)という男がいた。日山は工藤會・田上不美夫理事長の運転手をしており、近く昇格するという話もあった。M係長は、日山こそ工藤會トップと実行犯たちを結びつける事件の指揮者ではないかと考えた。

渡辺を取り調べているうち、渡辺が日山に強い不満を持っていることが分かってきた。あるとき、M係長は渡辺に「長杉に指示したのは日山やろ」とさりげなく語りかけた。渡辺は否定しなかった。

その後、渡辺は、日山のみならず自らも小倉北区の県議宅銃撃事件に関与していることを認めた。しかし、工藤會の報復を恐れ、供述調書への署名押印には頑として応じなかった。

M係長は諦めなかった。渡辺は、小倉拘置所に移監となる前日、ついに調書に署名した。

F組特別協力者

一連の銃撃事件捜査の中心となっていたT班に、一年半後には定年を迎えるOというベテラン係長がいた。

北九州地区各班は、F組組員やその関係者を次々と検挙する一方で、それらと関係する人間たちにも聞き込み捜査等を続けていた。

そういう人物の中に日山配下のF組準構成員Aがいた。

実は、Aにはすでに別の班の捜査員が接触を試み失敗していた。

Aには妻と小さな子供がいた。日山の運転手や使いっ走りをさせられていたが、妻にはサラ金の取り立てを行っていると話していた。実際には日山が行わせていたヤミ金の取り立てだった。

別の班の捜査員がAと接触を図るため、Aの妻と面会した。その時うっかりとAの妻に、Aが暴力団の使いっ走りをしていると言ってしまった。妻からそのことを追及されたAは怒って、電話で捜査員に強く抗議した。電話で捜査員とAは口論となり、これでAの線は切れてしまっていた。

O係長は、日山の直属の配下にはAのほか、B、Cという準構成員がおり、この三人は必ず一連の事件に関与していると見ていた。工藤會による襲撃事件では、このような準構成員が運転手役や見張り役などで使われることが多かったのだ。

この頃には、F組関係者の様々なデータが蓄積されていた。Aの携帯が他人名義であることもわかった。名義人は工藤會と全く無関係な人物だったので、O係長が名義人に直接事情を聴いたところ、Aから頼まれ名義貸しを行ったことを認めた。これは携帯電話の詐欺にあたる。

その男性の話から、Aが日山からこき使われ、強い不満を持っていることがわかった。O係長は、T班長とも打ち合わせた上、Aに電話させるよう男性に依頼した。

数日後、AからO係長に電話があり、O係長は密かにAの事情聴取を行った。

Aは素直に他人名義の携帯電話の使用を認め、日山の手足としてこき使われていることなども認めた。その事実を妻には隠していたのに、捜査員の何気ないひと言で、妻から何もかも疑われていることも語った。日山からは昼夜の別なく運転や雑用を命ぜられ、子供と話す時間もないこと、体力的、精神的にも限界に近づいていることなど、堰を切ったようにぶちまけた。

O係長は、Aが工藤會との関係を切るつもりなら、警察としてできる限りの支援をすることを約束した。そしてAの妻とも面接し、妻の不安や誤解を取り除くことにも努めた。

Aは、同じく日山配下の準構成員であるB、Cの二人が、長杉が実行犯である二件の銃撃事件のほか、五月に発生した福岡県議宅の事件にも深く関与していることなどを具体的かつ詳細に語った。そして県議宅への銃撃事件の実行犯はF組幹部・大西馨（仮名・当時31）であることも供述した。

事件指揮者の逮捕

池上の逮捕以降、特捜班の中でT班が最も捜査が進んでいた。

いくつかの特捜班が同じ目標を目指した場合、他の班に手柄を取られまいと、情報を独占しようとするセクト主義が発生しがちだ。しかし、この時は各班長、各班員とも自分の班の利害や名誉を超えて、県警がすべきことは、一日も早く発砲事件を解決することだと理解してくれた。

T班を中心に以後の銃撃事件捜査を続けることを各班長は快諾してくれた。

私とT班長は福岡地検小倉支部の幹部と打ち合わせを行った。Aのこれまでの供述についても隠さず話した。ただ、Aのことを工藤會側に察知されるとAの命に関わる。打ち合わせに際しても匿名のままで通した。

日山は逮捕しても、否認するものと思われた。長杉も日山の関与は認めないだろう。ただ、日山の手足となっているB、Cの自供を得られれば、日山以下の起訴は可能なはずだ。福岡地検小倉支部の快諾を得て、十一月三日、ゼネコン営業所銃撃事件で長杉への指示者として日山を、また事件の共犯としてB、Cを通常逮捕した。

工藤會に衝撃が走った。長杉ら実行犯の逮捕で捜査は一段落したと考えていたのだ。

長杉には頻繁に工藤會側の弁護士が面会していた。当然、長杉の供述内容は、弁護士を通じて工藤會側も把握していただろう。予想どおり、日山は完全否認したものの、Bは早い段階で全面自供し、その裏付けもうまくいった。小倉南区の建設会社銃撃事件も長杉が実行犯だった。日山はBに、長杉の見届け役として現場近くに行くよう命じていたのだ。

Bは建設会社近くのコンビニに寄り、そこで飲み物を二本購入してから銃撃現場近くに向かった。一連の事件では現場付近の捜査も徹底的に行っていた。建設会社から数百メートル離れた、そのコンビニからも防犯カメラの映像データを入手していた。ただ、事件直後の映像を確認したが、犯人らしい人物はわからなかった。Bは一見サラリーマンにしか見えなかった。再度確認するとBが映っていた。またレジのデータを調べるとBの供述したとおり、飲み物二本の購入データがあった。

否認を続けた共犯者の涙

問題はCだった。Aの話ではCは気が弱いので「やかましく言って調べたら、すぐ自供しますよ」とのことだった。

Cの取調べはT班のベテランF係長が担当した。気が弱いはずのCは予想に反して黙秘を続けた。暴力団員とそうではない被疑者を比べると、暴力団員は当初は否認していても、他の共犯者が自供していたり、状況証拠が揃っていたり、起訴から逃げられないと分かるとたいてい自供する。否認してもどうせ起訴されるし、否認のままだと裁判で情状面が悪くなるからだ。どうせ有罪となるのなら、少しでも刑を軽くしたいわけである。

最初から自供すると格好がつかないからと、逮捕直後の弁解録取書だけは否認しても、その後の取調べでは自供する者もいる。大体、第一回勾留十日間は否認するが、第二回勾留十日間の間に認める者が多いようだ。

長杉が、自分に指示した人間については黙秘しても、自らの犯行を認めたのはそういう背景があるわけである。

一方、そういう経験のない一般の被疑者や、暴力団準構成員等であっても逮捕、取調べを受けたことがない人間の場合、その辺の判断がつかず否認を続ける者もいる。Cは雑談には応じたが、事件の肝心なことは否認し、都合が悪くなると黙秘した。懲役に行くことと工藤會の報復を恐れていた。

日山、B、Cの三人には、毎日のように工藤會側の弁護士が接見した。早い段階で自供したBだが、弁護士には否認していると伝えていた。Bの調書はできていたが、署名はしていなかった。やはり工藤會の報復が怖かったのだ。ただ、Cが自供すれば供述調書の署名にも応じるつもりで、BもCは早く自供すると考えていたようだ。

Cは東北出身で、地元には妻子がいた。妻には金融の手伝いをしていると話していて、近く北九州に呼び寄せると伝えていた。だが日山の使いっ走りでは家族を養う余裕はない。妻の父親は、そのようなCに愛想を尽かし、娘に離婚するよう迫っていた。

Cの取調べを担当していたF係長は、Cの妻の話を聞きに行きたいと考えた。少しでもCを追及する材料が欲しかったのだ。妻の所や妻の実家には、ひょっとしたら犯行を匂わすような手紙や資料があるかもしれない。また、妻に何か話しているかもしれない。

被疑者の勾留中に東北出張とは異例だが、F係長と取調補助者の刑事に東北に行ってもらった。何か押収すべき資料があるかもしれないし、妻たちが家の中に入れてくれないこともあり得るので、捜索差押許可状も用意した。

Cの妻は捜査に協力的だった。Cが何か事件に関係し逮捕されていることも、弁護士を通じて知っていた。しかし、夫の北九州での活動は知らなかった。

実際の生活や逮捕容疑について知った妻は、もしCが事件に関係しているのなら、早く本当のことを話して、罪を償ってほしい、それまで待ち続けると話した。そのCの妻からは、一つだけF係長に要望があった。それは自分の父には夫のことを知らせないでもらえないかということだった。父親はCが逮捕されたことは知らなかった。捜索差押許可状は裁判官の許可状である。警察官の判断で執行せずに返納することも可能だ。F係長から父親宅の捜索は中止したいと連絡を受け、T班長も私も賛成した。

翌日、帰県したF係長らはCの取調べを再開した。Cは接見禁止中なので、妻の伝言をその時点で伝えることはできなかった。ただ、F係長たちがCの東北の自宅を捜索し、その際に妻と会ったことは単なる事実として知らせた。Cは明らかに動揺していた。そしてF係長は妻が協力的だったこと、妻の実家の捜索は行わなかったことだけを告げた。

Cはしばらく考え込んでいる様子だった。やがて目をつぶり顔を上に向けた。顔を元に戻し、まぶたを開いたとき、彼の頰に大粒の涙が伝った。

間もなく、Cは自供を始めた。

勾留満期の日、日山、B、Cの三人は起訴された。B、Cが既に自供していることを知らなかった日山はショックを受けていた。

日山が起訴されたことで、日山の親交者たちも捜査に協力するようになった。

ゼネコン営業所の銃撃事件の日、日山たちは他の親交者たちも加わって居酒屋で飲食していた。そこでは日山とBの間で事件に関わる会話もあった。他の同席者数人は会話の内容は知らないが、そこで日山たちと飲食したことや、日山がB、Cと何か話していたことは供述してくれた。

居酒屋の伝票から、日山たちの飲食事実の裏付けも取れた。

日山も起訴後は、事件について、長杉に実行を命じたこと、BやCに手伝わせたことなど、しぶしぶ自分の関与事実は認めた。

その年の暮れの十二月十三日、何ごとも無かったかのように、暴力団の定例行事、「事始め式」が工藤會会館で開催され、翌平成十七年の工藤會運営指針が示された。それは

「逆風張帆」（逆風に帆を張る）という四文字だった。工藤會も逆風を感じていた。

県議宅銃撃事件実行犯の追跡

捜査は数珠《じゅず》つなぎで進展する。

T班や他の班が検挙、取り調べたF組関係者から、五月に発生した県議宅銃撃事件は日山の指示でF組幹部・大西馨が行ったことが判明した。大西を現場近くまで送り迎えした者も自供した。

その大西は日山が逮捕された後、所在不明となっていた。

ただ、小倉南区のアパートに、十月に結婚したばかりの妻がおり、妻とは必ず連絡を取り合っているはずだった。

平成十六年も年の瀬が近づいてきた。適当な張り込み場所がなく、妻の尾行も困難を極めた。捜査員たちは、近くの別のアパートの屋上を借り、ホームセンターで買ったベニヤ板などでビル屋上の機械室に似せた監視所を作った。強風で捜査員ともども吹き飛ばされそうになったこともあった。

年末、一人、車で出ていった妻が助手席に男を乗せて帰って来た。大西だった。日山起訴後、しばらく警察の動きがなかったので大西も安心したのだろう。年末年始は自宅で過ごすつもりと思われた。

他の共犯者の検挙時期等とも調整した結果、年が明けた一月四日に、県議宅銃撃事件で大西を含め一斉検挙することとした。

正月の間も、大西の監視は続けていた。ただ、アパート屋上の監視所は強風で壊れてしまい、直近での監視ができなかった。一月四日の早朝、アパートに大西はいなかった。大西宅張込班は追跡班となり、必死に捜査した。F組関係者などから、大西が八幡西区にいたとか門司区にいた、あるいは宗像市にいるといった話も出てきたが、所在は判明しなかった。

平成十七年一月十二日午前、追跡班の一人H巡査部長は、大西宅付近での徹夜の張り込みを終え、自宅のある宗像市に車で戻った。非番だったが、大西がパチンコ好きと聞いていたH巡査部長は、何軒か国道沿いのパチンコ店を見て回ることにした。

一軒目、パチンコ台の間を歩いていると、黒っぽい服装の男が目にとまった。大西だった。夢中でパチンコ台に向かっている。

H巡査部長は、店の外に出てT班長に電話するとともに、パチンコ店に協力を依頼し、機械室の防犯カメラモニター前で一人で見張りを続けた。

　連絡を受けたT班長らに私も加わり、北九州から急行した。T班長らに背後を取り囲まれるまで大西は全く気付いていなかった。逮捕後も何で自分の居場所が分かったのかと首をかしげていた。

　平成十六年中に七件発生した工藤會による銃撃事件については、このように三件の容疑者を検挙し、直接指揮した日山、実行犯の長杉、大西を始め多くの関係被疑者が有罪となった。

　長杉は別の殺人未遂事件も発覚し無期懲役となった。指揮者の日山は懲役十七年だった。

　また、大西は懲役七年となり平成二十四年五月に刑務所を満期出所した。その後、再び襲撃事件を命ぜられた。翌平成二十五年十一月に逮捕され、平成三十年十月、一審の福岡地裁で懲役十五年の判決を受け、翌年三月、控訴棄却となり刑が確定した。大西は祖父母に育てられ両親の顔すら知らない。中学卒業後、十年以上、真面目に働いた後に工藤會入りした。その理由は分からない。平成十六年の事件後に結婚した妻と暮らした日々は出所後とあわせても二年に満たない。

　平成十六年から十七年にかけての連続銃撃事件捜査は、その後の工藤會捜査に関して、有効な捜査手法を残したのは間違いない。

一つは情報の共有と活用だ。

平成十六年に発生した工藤會による連続銃撃事件当時、私は工藤會担当の管理官として二年目を迎えていた。幸いだったのは、各班長以下の捜査員が、情報の共有とその活用の重要性を理解し実践してくれたことだ。暴力団事件に拘わらず特捜事件捜査では、保秘すなわち、捜査上の秘密の保持が重視される。しかしそのため、本来、特捜班間で共有し活用すべき情報が、それを入手した班や捜査員で止まってしまうということもあるのだ。

暴力団内部の情報が、警察側に抜けたとなると、時に情報提供者の命に関わる。保秘は確かに重要だ。そのため、上司にある情報を報告する際、その情報提供者を匿名にするということも行われていた。

この頃には各班長や捜査員も、報告書の情報提供者名は匿名でも、実際にはどこの誰かということを口頭で報告してくれるようになっていた。また、毎週行われる班長会議では、各班の捜査状況についても、かなり突っ込んだ内容の発表が行われるようになっていた。その場合でも、これは班長限りに止めてもらいたいという場合、各班長ともそれを遵守してくれた。

もう一つは協力者の獲得である。

この一連の事件では多くのF組暴力団員や準構成員等、その他の関係者を検挙したが、相当数の者は、その後も協力者として活用することができた。

そして、捜査の王道を歩むことも重要だ。

殺人事件等の重要事件では、本部の捜査第一課や鑑識課が加わり、徹底した初動捜査、現場鑑識活動、現場付近聞き込み等の現場捜査が行われる。

福岡県における暴力団事件捜査では、その点が決して十分ではなかった。聞き込みなどの現場捜査を行わなくても、多くの場合、「実行犯」と称する暴力団員が「自首」してきていたからである。もちろん、現在はそのようなことはない。

実行犯は自供しているが……

残り四件の銃撃事件についても、容疑者の一部は自供している。ただし、取調べで自供しても、裁判で証拠となる供述調書は取らせてくれない。

彼らは周りの共犯者が自供したり、状況証拠が揃っていて有罪を逃れられないと考えた事件については認めている。そのほうが裁判で彼らに有利になるからだ。だが、そもそも彼らには何一つ直接の動機はない。工藤會上部から命じられて犯行に及んだだけなのだ。平成十七年に検挙したある工藤會組員は、取調べでは自供したが、供述調書の作成には一切応じなかった。彼は過去にも発砲事件の前歴があったため、否認のまま懲役二十五年となり服役中である。

彼らが組織上部への追及を食い止めている限り、工藤會は彼らを評価し、本人やその家族の生活も保障する。そこが社会にしっかり根を張り、何十年も存続する暴力団と、準暴力団（半グレ）のような一時的な犯罪集団との大きな違いだ。

現在の工藤會では今後どうなるかわからないが、「頂上作戦」前の工藤會であれば、彼らが長期服役後に出所すれば、多額の報奨金や昇格等で報いてくれた。だから、彼らは自分たちの段階で警察の捜査を止め、あるいは他の余罪についても調書作成には応じないのだ。

我が国の現行法制度では、他の事件の容疑も認めた場合、刑が重くなることはあっても、軽くなることはあり得ない。

早い段階で真の自供を得ることができれば、その裏付けを行うことができる。嘘なら嘘で早く気づくことができる。情報が得られないから捕まえられないのではなく、真の自供が得られないのが現実なのだ。

仮に彼らが他の事件の容疑を認めても、あるいは自分に犯行を命じた上位の人間について供述しても、それに報いることは何一つできなかった。

溝下秀男との対話

銃撃事件が続いていた平成十六年五月のある日、当時の工藤會トップ・溝下秀男総裁と会うことになった。もちろん初対面だ。場所は溝下側がある喫茶店を指定してきた。

当時の組運営は実質的にナンバー2の野村悟会長、ナンバー3の田上不美夫理事長によって行われていた。だが、実力でトップにのし上がり、日々の暮らしを綴ったエッセイの著作もあるなど、華やかでカリスマ性のあった溝下総裁の威光はいまだ衰えていなかった。

こちらはT班長と私、先方は溝下と親しい男性一人が同席した。

あまり早く行き過ぎると、軽く見られそうで、約束の時間ちょうどに店の中に入った。大きな喫茶店の人目につきにくい隅のソファ席に、溝下たちは既に座って待っていた。溝下はベージュのセーターというラフな服装だった。もちろん、私たちはスーツにネクタイだ。

溝下は背は高くはないが筋肉質で、六十歳前なのに十歳位は若く見えた。

私は溝下の正面に座った。互いに挨拶を交わした後、まず溝下が、

「工藤會がいるから北九州には不良外国人や菱（山口組）が入ってこない」

など、一方的に持論を展開した。溝下は正面に座った私と、初めのうちは視線を合わせようとはしなかった。

「警察に対しては、正直なところやりあうつもりはない」と言ったあとで、「ところで、自分は外様だが、北九州はいいところだと思いませんか？　何でお宅らはすぐ替わるんだろう」と独り言のようにつぶやいた。

この当時、捜査第四課の特捜管理官は二人いて、一人は北九州地区担当、もう一人は福岡、筑豊、筑後の残り三地区を担当した。三地区担当が上席で、北九州担当を一年すると三地区担当に替わるのが常だった。私は既に二年目に入っていた。それまで、一年以上北九州地区担当管理官をした者は、私も含めてたった二人しかいなかった。私は初めて口を挟んだ。

「私は生まれも育ちも北九州だし、今も北九州に住んでます。北九州はいいところだと思ってますよ。私は二年でも三年でもここにいていい。ただ、北九州の問題は、工藤會以外

の選択肢がないことですよ」

その「選択肢がない」という言葉には、前年に発生した倶楽部ぼおるど襲撃事件や、この頃続発していた銃撃事件への非難をこめていた。誰も工藤會を拒めないという意味だ。

「それなら、いっそ不良外国人や菱を入れましょうか」

溝下はそう言いながら、初めて私の目を見て笑った。ああ、この笑顔が素人からも好かれる一因だな、と納得がいった。

私も言いたいことを言うことにした。

「市民の中には警察は嫌いだ、ヤクザが好きだ、という人もいるでしょう。それはそれでいい。しかし、中には『自分はヤクザは嫌いだ』という人間もいる。そのような人が、ヤクザは嫌いだと手を挙げられますか、北九州で。誰も怖がって挙げられないでしょう。それはおかしいと思います」

それに対して溝下は警察批判を始めた。

「正直なところ、警察にはもっと威厳を持ってもらいたい。昔は警察の言うことを我々は聞いた。何百年も前からそうだ」

私も反論し、特に前年八月の倶楽部ぼおるど襲撃事件を非難した。溝下は警察が取締り態勢を強化したことを挙げた。

「警察と取引しようとか、仲良くしようとは思っていないが、我々を手のひらの上で遊ばせるくらいの度量があってもいいでしょう。態勢を作れば、それだけ実績を上げなきゃいけないから無理をする」

「私は数字には拘《こだわ》りません。無理な捜査もしません。警察とヤクザは水と油だ。仲良くしたり、手心を加えるなんてあり得ないし、するつもりもありません。ただ私は、重箱の隅をつつくような捜査をさせているが、ヤクザだけではなく、被害者らに対しても嘘をつくな、騙すなと言ってます。そのようなことをしても公判に耐えられるはずがない。市民の理解も得られない」

警察と工藤會との関係について、話を交わした後、一時間ほど雑談が続いた。

その中で、溝下は真顔でこんなことを口にした。

「今まで幸せと思ったことは一度も無い。工藤會をここまでにしたが、達成感もない。空しさしか残らなかった。工藤會を継いだのも、そういう巡り合わせだっただけですよ。自分はヤクザにはなりたくなかった」

まさか、工藤會トップの口から、そのような言葉が飛び出すとは思わなかった。

溝下の生い立ちはよく知っていた。彼の戸籍の父親欄は空白だった。生後間もなく、叔父の養子となり、その後生まれた妹たちと過酷な子供時代を過ごしたことを、彼は自らの本に書いている。

なぜ、初対面の人間、しかも警察の取締担当者にそんな話をしたのだろう。今もはっきりとは分からない。恐らく、組織内や他の場所でも同様の話をしていたのではないだろうか。ただ、彼の周りの人間は、トップの口から出た「ヤクザにはなりたくなかった」などの言葉は表に出したくなかったのだろう。

「あと、何か言わなきゃならんことが、あるんじゃないですか？」

溝下が尋ねた。恐らく、私の口から「市民に迷惑をかけるな」とか「市民を襲撃するのは止めてくれ」という言葉が出るのを期待したのだろう。

「ありません」

私は工藤會に何かを頼む気はなかった。

溝下はまた、にこっと、あの笑顔を見せて会談は終わった。

T班長がコーヒー代を払おうとすると、既に溝下が支払っていたことを知った。

暴力団から何か奢ってもらったのはこれが最初で最後だった。

溝下とは、その後も何度かやり取りがあったが、直接会ったのは、このときだけだった。

この三年ほど後、溝下が写真集を作った。是非受け取ってもらいたいということで一冊もらった。彼の別荘がある大分県九重町の四季を撮影した写真集だった。

表紙は、車のハンドルを握り、あの日の笑顔を浮かべた自らの写真だった。自然の中で、今の自分は明鏡止水、澄みきった心の境地にあると伝えたかったのだろう。暴力団トップである彼の写真集を受け取ったのは、それが彼から私へのメッセージだと思ったからだ。私が暴力団から何かを受け取ったのもこれが最初で最後だ。その一年後、溝下は病が再発し亡くなった。六十一歳だった。

多分、人の心を見抜く能力に秀でた溝下なら、私が彼の明鏡止水のメッセージを額面どおりには受け取らないことも分かっていただろう。それは彼の手を離れた工藤會に対する懸念だった。穏やかさとは真逆の工藤會の未来だった。予想どおり、彼の死後、彼と親しくしていた何人かの人間が命を失い、野村による田中組体制が確立。さらに市民の血が流されていった。

三　市民と共闘の時代へ

工藤會専門職質チーム「特別遊撃隊」

平成十八年四月、福岡県警は工藤會対策のため、北九州市警察部長をトップとする北九州地区暴力団総合対策現地本部を北九州市警察部に設置した。私は、トップを補佐するナンバー2の現地統轄管理官として北九州市警察部勤務を命じられた。

工藤會の取締りは、これまで、捜査第四課を主とするものだった。これに刑事部から捜査第二課、捜査第三課、薬物銃器対策課、生安部から少年課、生活経済課などの特捜班を専従させ、特捜班だけでも捜査員約二百人に強化した。

この頃、工藤會側は「警察の職務質問に応じるな」と配下暴力団員に指示していた。例えば車を運転中の工藤會暴力団員を停車させても、免許証は見せるが、一切、質問には応じようとしなかった。そして、すぐに応援の組員を集め、警察官に抗議した。

このため、工藤會に対する職務質問専門のパトカー部隊・特別遊撃隊（略称・特遊隊）を機動警察隊内に新設した。私が拘った点は、特遊隊は基本的に制服勤務とすることだった。これは、北九州地区の市民に、制服警察官が工藤會組員に対して積極的に職務質問している姿を見てもらいたかったからだ。県警の本気度を知ってもらいたかったのである。隊員側の発案で、「特別遊撃隊」と金糸で刺繍した黒腕章を着用した。この特遊隊によって暴力団員がそれぞれ使用している車の把握が進んだ。これは後に事件捜査でも大いに役立つことになった。

われわれが職務質問をはじめると、すぐ工藤會側が応援を集めるので、パトカーには、特遊隊員二人と応援の第二機動隊員二人、合計四人を乗車させた。数には数で対応するためだ。通常、工藤會側は一台の車に、多くて二、三人乗車だから、相手が一台なら、パトカー一台で十分対応できるようになった。工藤會側が応援を求めたら、こちら側もすぐ応援を派遣するようにした。無線を傍受した機動警察隊や所轄警察署のパトカーも応援に駆けつけてくれた。

機動警察隊の各班、パトカー勤務の警ら班、私服の機動捜査班、そして交通取締り専門の機動取締班などに加え、倶楽部ぼおるど事件を受けて新設された小倉北署堺町特別対策隊員らも繁華街で工藤會組員に対する積極的な職務質問を行った。

平成十八年四月以降、徹底した職務質問により、暴力団員のみならず、行動を共にしている親交者、彼らの使用車両、住所、携帯電話番号など貴重な情報を収集していった。ある程度の雑談に応じる組員も増えてきた。

制服警察官の職務質問により、相手の暴力団員の住所、使用車両、同乗者などがわかる。実際の住所と免許証の住所が違っていれば、免状不実記載で逮捕されるので、組員たちも免許証には本当の住所を載せるようになった。

数か月後、工藤會は組員に対して、「職務質問には応じてよいが、車内検索には応じるな」と指示を変えた。そのほうが面倒が少ないと判断したのだ。

実際には、工藤會の事務所周辺や禁制品を所持している場合を除き、多くの組員は車内検索にも応じるようになった。私のもとには、これらの報告書が毎日送られてきた。時に百件近くになることもあったが、必ず全て目を通した。

結果が明白な捜査部門と異なり、地域部門や交通部門の活躍は見えにくい面があるが、彼ら制服警察官の地道な努力も、情報収集に大いに役立っていることを強調したい。

工藤會関係企業取締り

もう一つ拘ったのは、企業に対する情報収集専門の係を設けることだった。これも希望が通り、捜査四課の情報収集に優れた警部補と巡査部長の二人で企業情報班が誕生した。

この頃には工藤會だけではなく、工藤會に資金を提供している事業者や市民も、取り締まる必要があると考えるようになっていた。

これは「敵の味方は敵」という発想である。兵法でいえば、敵主力と直接戦い、敵を倒すというクラウゼヴィッツ以来の戦略ではなく、敵主力を支えている兵站《へいたん》拠点や、敵側同盟国を切り崩すという戦略だ。

暴力団は、まだまだ社会にしっかり根を張っている。それは支える市民や事業者が存在しているからだ。いくら地上の葉や幹を刈り取っても、根が残っていれば、再び生い茂ってくる。

根を絶つためには、暴力団を支える一部市民や、事業者、そして新たな暴力団員の供給源に打撃を与えなければならない。そのためには工藤會に対する直接取締りだけではなく、それを支えている一部企業に対する取締りが必要だと強く感じていた。

そこで活躍したのが情報班の二人だ。

ポイントとなったのは情報班を取締りとは完全に分離したことだ。それまで、暴力団取締りにおける情報収集は、基本的に事件捜査のためのものだった。だが自分を捕まえようとしている捜査員に本音の話は誰もしない。情報班は純然たる情報収集目的で動いた。

情報班は工藤會と関係があると思われた地元建設業者にどんどん会っていった。

当然、最初から本当の話をする者は誰もいない。ただその頃は建設業界の景気は厳しさを増しており、バブル期のように事は運んでいなかった。建設業界で常態化していた談合に対しても取締りが強化され、以前のように高額での落札は難しくなっていた。そのため工藤會へみかじめ料を渡す余裕もなくなっていたのだ。

そんな中、福岡県警が工藤會対策に本気で取り組んでいることは、彼らも肌で感じていた。経営者側の事情もある。世代交代の時期を迎えた経営者も多く、自分はともかく、息子たちの世代にまで、工藤會との関係を引きずりたくないと考える業者も出てきた。

情報班が業者と繰り返し顔を合わせるごとに、少しずつ本音の話が聞けるようになっていった。

建築一％、土木二％、解体五％

工藤會は建設業者から、どれだけのみかじめ料を取っていたのか。

十社会と呼ばれた工藤會・田上理事長の関係企業にも、情報班は何度も足を運んだ。当時は二十〜三十社程度に膨れ上がっていた。

元請けの一部ゼネコンも、その存在を認識した上で、工藤會関係企業が二次、三次の下請けに入るのを黙認していた。工藤會関係企業を下請けに入れれば、工藤會はもちろん、地元とのトラブルも発生しないからだ。

一次の業者は、下請け工事の作業を水増しするなどして、工藤會へのみかじめ料をあらかじめ組み込んでおく。結果的に、公共工事であれば税金を払う市民が、民間工事であれば発注者が、その分を多く負担させられることになる。

当時、工藤會へのみかじめ料は、建築工事が一%、土木が一・五から二%、解体工事が五%と言われていた。解体工事が高いのは、解体の際に出る鉄骨などを売ればその分の利益が出るからだ。

現地本部には、贈収賄など知能犯事件を扱う捜査第二課特捜班も配置され、二課の特捜と四課の資金源担当特捜班とが競うように、これら工藤會関係企業を摘発していった。談合、建設業法、廃棄物処理法など、使える法律は何でも活用した。二課の特捜は、さらに捜査を進めて、これら企業と公務員の癒着も解明し、国交省職員や地元議員らが絡む複数の贈収賄事件の検挙にも繋がっていった。

現地本部の資金源対策が軌道に乗るにつれ、工藤會と関係の深い業者からは次のような言葉が聞こえるようになった。

「工藤會は命を取るが、警察は会社を潰す」

県警は決して真面目な業者を目の敵《かたき》にしていた訳ではない。

これら工藤會関係の建設業者は、北九州地区の大型工事を工藤會と自分たちの都合の良いようにねじ曲げていた。これらの企業は、多くの大型工事の下請けを次々に受注し、真面目にコツコツ仕事をしている大多数の業者は、それらの工事から弾き出されていた。

一方で、警察に摘発された後、それを機に工藤會との関係を断とうとする業者もでてくるようになった。

トヨタへの手榴弾投てき事件の衝撃

工藤會にとって、みかじめ料が無くなることは死活問題だ。

平成十八年、大手ゼネコンが暴力団への資金断絶を打ち出すと、これをきっかけに連続銃撃事件が起こる。

七月に小倉北区で大手建設会社の九州支店に対する銃撃事件が起こると、翌平成十九年二月までに、建設業者や工事現場に八件の銃撃事件と二件の放火事件が発生した。そのうちの一つはゼネコンに発注した福岡県の有力企業・西部《さいぶ》ガスの本社への銃撃だった。暴力団への資金断絶を表明したゼネコンの顧客である発注者までが狙われたのだった。

背景はこうだ。工藤會関係企業に対する取締りを強化した結果、地元建設業者の中には、みかじめ料を明確に断るものもでてきた。これまでなら、その関係先に銃弾を撃ち込めば屈服していたものが、銃撃されても従わないものが出てくるようになった。

そのために、それら業者の元請け、更には発注者を狙うようになっていったのだ。

その後も元請け企業への攻撃はエスカレートし、スーパーゼネコンの一つ、清水建設が狙われた。

平成十九年三月、これらの事件が一件も検挙できない中、現地本部への残留を強く希望していた私は、福岡空港警察署署長に異動となった。

同年十一月、トヨタ自動車九州小倉工場内にある清水建設の現場事務所が放火された。その二週間後に、八幡西区でやはり清水建設の現場事務所に銃弾が撃ち込まれた。さらに二週間後、福岡市東区で清水建設関連の会社事務所への発砲事件が発生した。

いっぽうで十二月には八幡西区で不動産業者の自宅への発砲事件が発生し、同日、小倉北区で建設会社社長が何者かに刺され、翌年一月に亡くなった。

日本のトップ企業のトヨタも標的となった。

平成二十年九月十五日、トヨタ自動車九州苅田《かんだ》工場へ手榴弾が投げ込まれ、地面に約十センチの穴を開けた。現在まで検挙に至っていないが、原因は当時この工場の工事を請け負っていた清水建設に対する嫌がらせと思われる。清水建設が暴力団の違法・不当な要求を撥ね付けると宣言してから、前述のように暴力団と思われる者から度々《たびたび》銃撃等の被害を受けていたからである。

日本のトップ企業に対する事件は、中央経済界にも衝撃を与え、北九州市に進出を計画していた大手企業数社が断念したと聞いている。暴力団による〝テロ〟は福岡経済にも計り知れないダメージを与えたのだ。

このトヨタ自動車九州の事件後、工藤會を含めた暴力団対策の抜本的見直しが行われた。

同年十一月、暴力団対策を検討するためプロジェクトチームが結成され、春から鑑識課長を務めていた私は、わずか八か月でその職を解かれ、刑事部参事官という肩書でプロジェクトを担当した。その後、県民、事業者、行政が一体となって暴力団排除を進めるため、暴力団排除条例を検討するプロジェクトチームが別途立ち上がり、日本初となる条例の施行に結びつく。

平成二十一年三月、捜査第四課内に北九州地区暴力団特別捜査室が設置され、私は参事官という肩書に加え、この特別捜査室を担当することになった。北九州地区の暴力団といえば工藤會をおいてほかにない。実質的な「工藤會対策課」の誕生である。

全国初の暴力団排除条例施行

平成二十二年一月、県警の刑事部から組織犯罪対策部門が独立し、「暴力団対策部」が設立された。

また、暴力団捜査を担当していた捜査第四課が、主に工藤會を担当する北九州地区暴力団犯罪捜査課と、それ以外を担当する暴力団犯罪捜査課とに分かれた。県警が工藤會対策を最重要視した結果だ。

私は、北九州地区暴力団犯罪捜査課（北暴課）の課長を命ぜられた。

同年四月一日、全国で初めて福岡県において、暴力団排除条例（暴排条例）が施行された。

暴排条例は、工藤會や道仁会など県内暴力団が、県民等に多大な脅威を与えている福岡県の現状を背景に、暴力団排除の基本理念を定め、福岡県や福岡県警による暴力団排除の基本的施策を規定している。

基本理念として、その第三条で「暴力団が社会に悪影響を与える存在であることを認識し」「暴力団の利用、暴力団への協力及び暴力団との交際をしないことを基本」とすることが定められた。暴力団対策法よりも更に踏みこんで、暴力団は社会にとって「悪」だと明確に規定したのだ。そのうえで県民や事業者が暴力団員等に利益を供与したり、暴力団の威力を利用すること、暴力団員等が利益を受けることを禁止した。

警察に対しては、市民等に対し必要な保護措置を講ずることを規定している。

また、中学生、高校生等に対し、暴力団への加入や暴力団による犯罪の被害を防止するための教育等の措置、具体的には、現在、福岡県内で行われている暴力団排除教室の基本となる条文も設けられた。

そして施行後は、幼稚園、学校等から二百メートル以内の場所に暴力団事務所を新たに設置することが禁止された。

元暴力犯刑事への襲撃

暴排条例の施行後、私は暴力団対策部の副部長となり、平成二十五年三月に久留米警察署長として異動するまでの四年間、引き続き工藤會対策を担当した。

この四年の間、北九州市を中心に暴力団によると見られる襲撃事件が三十件ほど発生し、それはすべて一般市民や企業を狙ったものだった。

その中の一件に、元暴力犯刑事への襲撃があった。平成二十四年四月、元県警警部H氏が工藤會組員から銃撃され重傷を負ったのだ。H氏は暴力団捜査の大先輩であるとともに、退職前には北暴課の班長として、私を補佐してくれた。H氏は長年、工藤會対策に従事し、工藤會の主要幹部らを多く知っていた。トップである総裁・野村悟とも対等に話ができる数少ない捜査員だった。

工藤會は、平成十年には「警察との接触禁止」「接触すると破門、絶縁する」と傘下暴力団員に指示徹底した。ただ、現役だったH氏は、以後も工藤會側を代表する最高幹部の一人と非公式に接触を続けていた。平成十五年二月、私が捜査第四課の北九州地区担当管理官となる一か月前、工藤會側は、そのH氏と最高幹部との非公式な窓口をも閉鎖した。だが、その後も、工藤會本部や総裁自宅の捜索などで、H氏が野村総裁、田上会長らと顔を合わせた際には挨拶程度の会話は交わしていた。

H氏は、定年となるまで、その実力を買われて北暴課で情報収集等を担当していた。その中で、工藤會を破門・九州所払い処分、すなわち工藤會を追われ、九州から追放された元幹部と、福岡県外で接触して情報収集を行ったことがあった。一対一の会話だから、H氏の発言には、工藤會による数々の凶悪事件を念頭に、トップである野村らに対して批判的なものもあった。

ところが、破門になっていたその元幹部は、H氏との会話をこっそりICレコーダーに録音していたのだ。しかも、自分を破門にした野村らにご注進に及んだのである。工藤會トップとして北九州に君臨しているつもりの野村には、その発言が許しがたいものだったのだろう。また、工藤會取締りを続ける、福岡県警に対しても大きな牽制になると踏んだと考えられる。つまり「退職後は気をつけろ」という脅しである。

H氏襲撃の実行犯は、工藤會田中組幹部・中田好信（当時37）だった。中田の撃った二発の弾丸がH元班長の太ももも付近を貫き、瀕死の重傷を与えた。

この事件の翌年発生した看護師殺人未遂事件も、野村がそのプライドを傷つけられたと感じたことから起こった。野村は、看護師が勤務する診療所で自らの局部の増大手術と周辺の脱毛治療を受けた。その手術結果に不満を持った野村は、自分に対し、普通の患者と同じ態度で接した看護師に一方的に怒りを募らせた。そして、直接には何の動機もない工藤會幹部・大石薫らに卑劣な襲撃を行わせたのだ。

H氏に対する殺人未遂事件と、元漁協組合長の孫にあたる歯科医師に対する殺人未遂事件、この二件の実行犯である中田好信被告の控訴審判決が平成三十年七月四日に下された。中田被告は看護師殺人未遂事件では実行犯・大石薫被告の送迎役を務めていた。

福岡高裁は、中田に懲役三十年を言い渡した一審の福岡地裁判決を支持し、控訴を棄却した。一審、二審ともこれらの事件に対する工藤會総裁・野村悟による指揮命令を認定している。

暴力団員立入禁止ステッカー

平成二十四年八月には、改正暴力団排除条例による風俗店・飲食店等への暴力団排除標章制度がスタートした。福岡市博多区中洲や北九州市小倉北区、八幡西区の繁華街等の暴力団排除特別強化地域内で、「暴力団員立入禁止」という標章（ステッカー）を掲示した飲食店やパチンコ店等への暴力団員の立ち入りが禁止されたのだ。

工藤會が本拠とする北九州市小倉北区と八幡西区の繁華街では、八〇％以上の店がこの標章を掲示した。もちろん、工藤會組員が出入りしていたり、経営に関与している店舗からの掲示希望はほとんどなかった。だが、そのような店の一つからも、この際、標章を掲示して工藤會関係者の出入りを断りたいという相談があった。しかし、ある工藤會幹部が、「貼るなよ」と経営者に直接言ったため、断念せざるを得なかった。

工藤會は組織的な威圧も始めた。

掲示店舗のチェックをして回っていたのだ。小倉北区の繁華街に設置された小倉北署堺町特別対策隊員らが、彼ら工藤會組員を発見して職務質問したが、調査を強制的に中止させることはできない。店に立ち入れば条例違反で中止命令を行うこともできるが、外部に掲示されている標章を見ているだけでは手出しできないのだ。

これらの動きを見て、「工藤會が必ず何かをやる」と強く感じていた。夜間、他県警から応援に来ていた機動隊員を含めて、小倉北区、八幡西区黒崎の繁華街に警戒のため人員を投入した。しかし、防ぐことはできなかった。

標章掲示店舗入居ビル等に対する放火、脅迫電話、更には、スナックの女性経営者等に対する殺人未遂事件四件が発生した。女性経営者に対しては、身体のほか、故意に顔を切りつけており、悪質さが際立っていた。

北九州地区では、九月十日以降、百店以上の標章掲示店に脅迫電話があった。多くの店が標章を撤去したり、外部から見えにくい場所に移動させたりした。それでも約五〇%の店は、その後も標章を掲げ続けた。それは、暴力団に対し弱い立場にある人たちの静かなる決意の表明ではなかったかと思う。

なぜ、市民や企業を狙った卑劣な事件が繰り返されたのか。

原因は二つあると思う。

一つは、平成十五年二月以降、工藤會が、三代目田中組組長だった野村悟会長、四代目田中組組長を継承した田上不美夫理事長を中心とした体制となり、北九州地区の利権をほぼ掌握したことだ。さらに平成二十年七月には、引退後も大きな影響力を持っていた溝下秀男元総裁が死亡した。田上理事長は野村会長に対して絶対服従だった。溝下元総裁の死により、野村会長を押し止める者は誰一人いなくなった。

二つ目は、工藤會が大きな利権を占めていた建設業界に暴力団排除の気運が強まったこと。暴排条例がそれを加速させ、飲食店等にも広がっていったことなどである。

工藤會は過去、幾度となく北九州地区の市民や企業などに卑劣な暴力を振るってきた。

工藤會の意に沿わない場合、まず脅しが入る。それに従わないと、次は放火されたり銃弾が撃ち込まれる。それでもいうことを聞かなければ死が待っている。

ただ、倶楽部ぼおるど襲撃事件までは、被害に遭うのは、直接、利害に関係する経営者であったり、地元業者のまとめ役だったりした。直接、それらの利害と関係がない従業員、それも女性が命の危険に晒《さら》されることはなかった。

すべての暴力団は、任俠団体を標榜している。建前とは言え、弱い者、特に「女、子供には手を出さない」ということを言っている。しかし、実際には多くの暴力団が女性にも危害を加え、未成年者が抗争の巻き添えになるといった事件も時々発生している。

「ぼおるど事件」で女性たちに手榴弾を投げつけたKの人権をことさら強調し、事件後、現場に臨場した警察官を殺人犯呼ばわりする人たちが存在する一方、事件の巻き添えになった女性たちに対し、工藤會からは正式の謝罪も賠償も行われていない。

この頃、北暴課捜査員は各事件の捜査に忙殺され、新たな事件現場には、北暴課管理官や班長ら幹部のみが先着し、他の特捜事件の現場から、急遽捜査員を引き抜くということも一度や二度ではなかった。担当捜査幹部や捜査員たちの懸命の努力にもかかわらず、私の在任中に検挙に至ったのはわずか一件のみである。やられっぱなしと言ってよい状況だった。

だが、これらの事件は暴排条例によって追いつめられる工藤會側の焦りと言ってよかった。暴排条例は私たちの予想以上に、その後の暴力団対策に影響を与えたのである。

よく言われるのが、警察対暴力団の構図から、市民対暴力団の構図に変わったということだ。それを警察の責任逃れのように主張する人もいる。しかし、それは全く違うと思う。なぜなら、暴力団を真に社会から排除していくためには、何よりも市民の理解、市民の意識が重要だからだ。

工藤會に対する北九州市民の意識の転換点、それが暴排条例施行の一か月前に起こった、工藤會長野会館を巡る北九州市民の戦いだった。

長野会館と市民の戦い

北九州市小倉南区の郊外に上貫《かみぬき》地区がある。九州百名山の一つ貫山《ぬきさん》北側の麓に位置している。北にはゴルフ場、市立文化記念公園の緑地が広がるのどかな地域だ。

ある日の夕方、八年ぶりに上貫地区を訪れた。

車で、南北に走る市道に沿って南に向かった。東側にはゴルフ場の敷地が続く。西側には山裾に団地が続き、団地が途切れたところに北九州市立貫小学校がある。百メートルほど進むと、ゴルフ場の南隣に私立幼稚園の広い敷地が続く。以前は、幼稚園と市道の間に、広い空地があったが、現在はその部分も幼稚園の芝生と駐車場に変わっていた。

園児を迎えに来たお母さんたちだろう、女性が運転する車が次々と幼稚園の敷地に入って行った。市道脇の歩道には、貫小学校の小学生たちが下校する姿も見受けられた。

市道を挟んで幼稚園の向かい側の山裾に、まだ新しい四階建ての老人ホームがある。

老人ホームには不似合いの大きく黒い正門と、その奥の二階建ての洋風建物、正門横の和風平屋などは以前のままだった。しかし、そこが一時期、工藤會の施設「四代目工藤會長野会館」だったことを感じさせるものは何もなかった。

暴力団関係の著作が多い溝口敦氏は『続・暴力団』（新潮新書）の中で、この施設に触れている。当時の工藤會・木村博幹事長が、暴排条例で暴力団員の銀行口座が強制解約されるなどと語った後、次のように続けている。

「うち（工藤會）が取得した建物に暴排パレードが行われたことがあります。名称入りの看板を撤去すると、メディアは『暴排運動の大成果』と凱歌を挙げる。組織名のない看板を設置すると『暴対法逃れ』、その看板を下ろすと『実態隠し』と続けて報道され、工藤會の兇暴さを強調する一文が必ず付け加えられます。

売却を望む声を受けて建物を売ろうとすると『転売で得る活動資金』とケチをつけ、『購入すると利益供与』と報道されます。これでは売れるはずもなく、結局、出ていってほしくないのか、ということにもなります」(『続・暴力団』)

溝口氏はこれに続いて「銀行や住民運動、メディア、それに警察が寄ってたかって暴力団を袋叩きにしている構図です。多少、泣き言が出ても不思議はありません」と書いている。

溝口氏は、工藤會が一方的に「袋叩き」にあったように書いているが、この建物についての具体的な経緯は説明していない。溝口氏がいうところの「袋叩き」とは、実際には市民への暴力も辞さず、多くの事件を起こしていた工藤會に対して、一般市民が敢然と立ちあがった暴追運動だったのだ。

暴排条例施行直前の事務所開設

暴排条例施行直前の平成二十二年一月、工藤會・野村悟会長（当時）が、小倉南区上貫地区にある元会社社長の豪邸を購入した。県警は購入の情報は得ていたが、その目的までは判明しなかった。

二か月後の三月五日、工藤會は、突如この豪邸の通用門門扉に工藤會の名称入り看板を掲示した。そして組員を当番員として出入りさせるようになり、組事務所としての目的がはっきりした。

それまで看板はおろか、表札すらなかった。

看板は縦一メートル弱、幅二十五センチほどの木製で、黒々と『四代目工藤會長野会館』と書かれていた。長野は付近の地名だ。以下、この建物を「長野会館」と呼ぶ。

昭和の末頃から、福岡県内の暴力団事務所で、団体名、組織名を表示した事務所は皆無といってよい状態だった。昭和六十一年十二月に発生した道仁会と山口組系伊豆組との抗争事件以降、福岡県警が暴力団事件の証拠品として暴力団事務所の看板を差し押さえていったからだ。

また、暴力団対策法施行後は、同法により、暴力団事務所外周や外部から見通せる状態で、指定暴力団であることを示す文字や図形を掲示すること等が禁止された。暴力団の代紋や名称入りの看板類も規制の対象となった。

工藤會本部も、事務所敷地内の入口に、ローマ字で「KUDOUKAI KAIKAN」と浮き彫りにされた金属プレートを掲示しているだけだ。そして、工藤會傘下組織事務所で、団体名を示す看板等を掲示したところは一つもなかった。

長野会館と市道を挟んだ反対側には、私立の幼稚園があった。近くには市立貫小学校があり、しかも、長野会館前の市道が通学路となっていた。当時、歩道は長野会館側にしかなかった。貫小学校全校生徒約五百五十人の三分の二が長野会館前を通って登下校していた。前述のとおり、暴排条例では幼稚園、学校等から二百メートル以内に暴力団事務所を新たに設置することが禁止されている。だが、これは施行直前のことだった。

長野会館の看板に驚いた付近住民代表が三月十日に集まり、県警小倉南署、小倉南区役所の関係者も出席して協議した。そして、工藤會新事務所の撤去を求め、三月三十日に暴力団排除総決起大会を開催することが決定された。また、三月十二日と十八日には、長野会館に向けて暴追パレードを行うことにした。

長野会館の立地、堂々と掲げられた組織名入りの看板、ともに県警の暴力団取締りに対する挑発行為と受け止められるものだった。ただ、工藤會は、戦略的に大きな失敗を犯したと言えるだろう。その最大の原因は子供たちを巻き込んだことだ。子供たちが危険に晒されることを心配した市民が勇気を持って立ち上がったからである。

事務所前をパレード

看板設置から一週間後、三月十二日は金曜日だった。平日の昼間にも拘わらず、貫小学校横の市民センター駐車場には市民ら約五百十人が集まった。

暴追大会後、市民や自治会関係者、警察官らが長野会館までパレードを行った。

工藤會は、看板掲示後、長野会館に必要もない「当番員」を入れていた。また当日、多数の暴力団員を長野会館に集めることにしていた。市民への威圧目的としか考えられなかった。県警は第二機動隊も動員し、警戒態勢を敷いた。

これには前段がある。この三週間ほど前の二月十八日、小倉北区の工藤會本部事務所に対して行われた暴追パレードの際に、工藤會側がパレード参加者を威圧する行動を取っていたのだ。

工藤會本部事務所のすぐ横に、北九州メディアドームという小倉競輪場の施設がある。ここで当日、福岡県知事、北九州市長も参加して暴力追放北九州地区総決起大会を開催し、その後、工藤會本部事務所前を通る暴追パレードを行った。工藤會本部事務所に対する初めての暴追パレードだった。

参加者が本部事務所前を通りかかったとき、工藤會は普段は閉めている正門の門扉を開放し、事務所敷地内から十数名の組員らが参加者を威圧した。更に数名の組員が参加者の方にビデオカメラを向け撮影を始めたのだ。

警戒に当たっていた警察官が組員に対し警告を行ったが、最初は警告に従おうとしなかった。

警察官が正門扉前に人の壁を作り、パレードは続けられたが、そこに差し掛かると、参加者たちも押し黙ってしまった。

長野会館へのパレード当日、私は現場警戒班を担当し、第二機動隊H隊長とともに機動隊指揮官車の台上に登った。パレードが近づいてくると、長野会館内にいた工藤會暴力団員らは、本部事務所のときと同様、閉めていた玄関シャッター及び車が出入りする通用門の門扉を開放し、黒スーツの約七十人が敷地内に整列した。

暴力団員の最前列には、執行部I総本部長以下の組長連中が勢揃いしていた。

彼らの多くは、接客業の人がするように両手を腹の前で組んでいた。すこしでも威圧感を減らすつもりだったのかもしれない。

実施計画通り、まず指揮官車の上から、小倉南署長代理として私が、マイクで警告を実施した。Ｉ総本部長とは直接の面識はなかったが、ほとんどの工藤會幹部の顔と名前は知っていた。

私は、Ｉ総本部長名指しで、直ちにパレード参加者に対する威圧を止めるよう警告した。名指しされたＩ総本部長が、指揮官車に駆け寄ってきた。その後ろには同じく執行部のＹ組長が続いた。

「威圧なんかしてないやないか！」。指揮官車上の私を見上げながら、Ｉ総本部長が怒鳴った。「君たちの存在自体が威圧だ。直ちに門を閉めなさい」。私は再び警告した。

忌々《いまいま》しそうにＩ総本部長は、会館内に戻った。予想通り、彼らは警告に従わなかった。

彼らが警告に従わなかったため、パレードは長野会館の五十メートルほど手前で停止してもらった。

住民代表の方が、事務所撤去の要請文を手渡すことになっていた。会館前の市道には、機動隊員と捜査員で人の壁を作った。住民代表の男性が要請文を渡そうとした。彼らは受け取りを拒否した。

ただ今回、県警では新たな対策を用意していた。平成二十年の改正暴力団対策法で、指定暴力団の事務所の使用差止めを求めた者に対し、不安を覚えさせるような方法で妨害した場合や、そのおそれがある場合、都道府県公安委員会は中止命令を行えるようになっていたのだ。威圧行為はこの「不安を覚えさせるような方法」にあたる。

計画どおり、県警の担当官と小倉南署長が口頭で中止命令をかけた。長野会館内のI総本部長らは、命令の趣旨がよく判っていないようだった。

中止命令により次の段階に移った。

私は、更に同様の警告を繰り返した上、警告に従わなければ、暴力団対策法違反として全員を検挙すると警告した。そのつもりだった。それに合わせ、第二機動隊長が隊員に号令をかけた。県警の本気度が彼らにも伝わったのだろう、長野会館内の組員らは慌てて正門のシャッターを下ろし、『四代目工藤會長野会館』の看板が掛かった通用門の金属製門扉を閉めた。

暴追運動関係者宅への銃撃

長野会館に対しては、小倉南署員が一時間おきにパトロールを行っていた。翌日午前一時半ごろ、巡回中の小倉南署員が『四代目工藤會長野会館』の看板が撤去されていることを発見した。

しかし工藤會がこのまま引っ込んでいるわけはないと思っていた。県警では、上貫地区の自治会関係者方等に対しては重点的にパトロールしていたが、それでは万全ではなかったことを思い知らされる。

二日後の三月十五日午後十一時二十分ごろ、事務所撤去運動に参加していた小倉南区自治総連合会会長の自宅に銃弾が撃ち込まれた。自治総連合会は上貫地区の上部団体にあたるが、このとき、地区外の連合会会長は保護対象としていなかったのだ。

犯人は、道路に面した玄関に向け四発、さらに勝手口から室内に向け二発を撃ち込んだ。弾の一部は室内にいたご家族の直近をかすめていた。

この自治総連合会会長宅に対する銃撃については、福岡県警による粘り強い捜査の結果、平成二十九年十一月、工藤會瓜田組・瓜田太組長ら六名が逮捕され、起訴となった。

恐らく工藤會側は、自治総連合会会長宅への発砲で、暴追運動は尻すぼみになるものとみていたのだろうが、住民の皆さんは暴力に屈しなかった。

発砲事件三日後の三月十八日、前回を上回る約六百五十人が参加し、再び長野会館に向け暴追パレードを行った。当日、県警は長野会館に対して捜索・検証を行い立会人以外の組員は全て排除した。

パレードには、平日にも拘わらず小学生や幼稚園児の父母たちの姿もあった。

また同日、警察庁の安藤隆春長官は定例の記者会見でこの銃撃事件に触れ、「断じて許されるものではない。取締りを徹底し全容を早期に解明する。保護対策に万全を図る」と表明した。

福岡県警は、小倉南署を中心に、長野会館付近での二十四時間態勢での警戒、住民運動関係者に対する保護対策の強化を行った。小学校や幼稚園の登下校時には、制服警察官を配置し警戒を続けた。ときには署長自らも長野会館前に立った。また、学校の先生方や自治会関係者、ガーディアン・エンジェルスなど防犯ボランティアの方々も一緒に登下校時の警戒に協力していただいた。

卑劣な銃撃事件が発生した後、ひるむどころか、むしろ付近住民の皆さんや、福岡県知事、北九州市長の事務所撤去への決意は高まっていった。

ただ、それで尻尾を巻くような工藤會ではなかった。

パレード翌日の三月十九日の午後、今度は『長野会館』と表示された木製看板が掲示された。実は工藤會は最初から二種類の看板を作っていたのだ。この看板は三日後の三月二十二日、工藤會が自ら撤去した。

これが前出の『続・暴力団』の中で、木村博幹事長が語った「暴対法逃れ」の看板である。

工藤會は昼間、長野会館に必要もない当番員を置き、時々、組長クラスの幹部も立ち寄っていた。

三月二十六日、工藤會は『長野会館管理者一同』名で、貫小学校などにファックスを送りつけた。それには「地元には迷惑を掛けない」「警察はマスコミ等を利用し暴追運動を展開している」「警察が押しつけるやり方の一般市民の動員は反対」とあった。

まるで、警察が一方的に一般市民に動員をかけ、暴追運動を行っているかのようだ。長野会館撤去運動は、決して警察主導の暴追運動ではなかった。

工藤會は、三月三十一日には『売家　犬小屋』という、ふざけた看板を掲示した。長野会館には室内プールのほか、冷暖房設備付きの大きな犬舎があった。さらに、その後も工藤會は、長野会館に『長野別邸』と表札を出したり、『長野倶楽部』の看板を掲示するなどした。

市長への脅迫

三月二十九日、北橋健治北九州市長宛に匿名の脅迫状が送りつけられ、一部の報道機関にも同様の内容の手紙が送られた。脅迫状には市長周辺に危害を加える旨、書かれていた。残念だったことに、この頃、所轄の小倉南署の署員らによる不祥事が続いた。

三月十二日、まさに第一回暴追パレードの日、小倉南署の巡査部長（当時31）が強制わいせつ容疑で逮捕された。三月二十五日には、既に別件強姦未遂で起訴されていた本部付・警部（当時50）が懲戒免職に、そして小倉南署員の管区機動隊小隊長（当時29）と分隊長（当時31）が部下へのパワハラで処分を受けた。四月七日には、小倉北署の巡査部長（当時31）が女子中学生に対する児童買春容疑で逮捕された。

工藤會としては県警の不祥事を利用しない手はない。四月十日、この『売家　犬小屋』の看板の上に『北九州市有志一同』名で福岡県警本部長宛の看板が掲示された。そこには、警察官の「ハレンチ」な事件が繰り返されないよう「県警察官全てに周知徹底させて頂き度く思いますので宜しくお願い致します」（原文ママ）などと書かれていた。

三月三十日、麻生渡福岡県知事（当時）も急遽参加し、住民代表、市長、県警本部長、

小倉南署長らと、長野会館に暴追パレードを行い、事務所の早期撤去を訴えた。地元だけではなく、他の地域からも多くの市民が参加し、約千八百人が長野会館にパレードした。

同日の定例記者会見で、北橋市長は脅迫状について触れ、「ひるむことなく暴追運動を着実に力強く前進させていく」と表明した。

工藤會が見誤ったもの

工藤會の一連の行動は、暴力団排除条例への抵抗、福岡県警に対する反発、対決意識の表れだったと思う。

暴排条例施行前に事務所を新設した場合、遡及して条例を適用することはできない。だから条例施行直前の三月に突如『四代目工藤會長野会館』なる看板を掲示したのだろう。長野会館が幼稚園の目前、小学校の近くで、看板を掲げることにより付近住民の不安を掻き立てることも計算の上だろう。

付近住民の暴追運動の盛り上がりに戸惑いを隠しきれない工藤會幹部もいた。しかし彼らは、警察への対抗心、腹いせもあり引っ込みがつかなくなったのだろう。何度も看板や表札を取り替え、不必要な当番員を入れたりした。

工藤會は、銃撃事件と市長への脅迫で、暴追運動は消えて無くなると考えていたのかもしれない。

正直なところ、私は、住民リーダーの自宅に銃弾が撃ち込まれた段階で、この運動は今後どうなることだろうと強い不安を感じた。だが、結果は全く違った展開となったのだった。

北九州市教育委員会は、長野会館前を通る貫小学校の通学路を変更した。長野会館の手前から、幼稚園側に市道を渡り、私有地と幼稚園の敷地内を通る約二百メートルの通学路を整備した。県公安委員会は、そのために横断歩道と歩行者用信号機を設置した。

工藤會側も拳の下ろしどころを探り出したようだった。四月以降、工藤會は長野会館への出入りを控えるようになった。六月に入ると長野会館の売却話が出るようになった。

九月二十六日、読売新聞に小倉南区で行われた暴追大会の記事が載った。その中で、小倉南署の暴力犯係長が長野会館について「暴力団事務所としては使いづらい状況に追い込んでいる」と語った旨、書かれていた。工藤會組員からの話では、この記事に工藤會トップが立腹したようだ。翌日から再び、工藤會は五人前後の「当番」を長野会館に入れるようになった。しかし、それが最後の抵抗だった。

十月二日、新聞各紙に北九州市内の医療法人が長野会館を購入し、老人ホームを建設しようとしているとの記事が載った。

翌年二月二十四日、医療法人が正式に長野会館を約一億五千万円で購入したことを発表し、現在の老人ホームが建設された。同法人は翌日、長野会館内部を報道機関に公開した。前年三月の『四代目工藤會長野会館』の看板掲示から一年近くが経過していた。

市民の完全勝利だった。

工藤會は大きな戦略的失敗を犯した。彼らは付近住民の怒りや北九州市長、福岡県知事らの決意を読み損なったのだ。

住民からは、当然ながら不安の声も聞かれた。長野会館近くの北九州市立貫小学校では、長野会館開設後、四分の一の保護者が、長野会館前を通学させることを恐れて、自動車で送り迎えするようになった。転居を検討する人すらいた。しかし、子供や孫を幼稚園や小学校に通わせている市民からは、むしろ怒りの声が上がっていた。

三月中の暴追大会はいずれも平日に行われた。回を重ねるごとに、市民の参加が増えていった。

当時の警察トップ・安藤隆春警察庁長官は、暴力団対策の中でも山口組、特に弘道会対策に力を入れていたが、四月十三日には、長野会館等の視察、北九州市長への激励に福岡に来られた。そして、我々捜査員に対しても「日本の暴力団対策の成否は北九州市での捜査にかかっている。まさに日本の暴力団対策の天王山の闘いだ」と訓示した。

平成二十三年四月、福岡県知事、北九州市長及び福岡市長は、国家公安委員会や警察庁に対し、「暴力団壊滅のための抜本的法的措置に関する要請書」を提出した。その内容は、暴力団対策法の抜本的改正、暴力団等犯罪組織に対する有効な捜査手段の導入、暴力団の所得に関する調査・徴収の徹底、各省庁による許認可事務等における暴力団排除規定の整備等である。

知事らはその後も、同様の要請を続けてきた。それが暴力団対策法改正による「特定危険指定暴力団」「特定抗争指定暴力団」に対する規制、平成二十八年五月の刑事訴訟法改正などにも繋がってきたのだと思う。

工藤會は長野会館の一件で、自らのみならず、全国暴力団への規制をより強化させてしまったのだ。

四　工藤會頂上作戦

溝下御大の死と田中組体制の確立

平成二十年七月一日、溝下秀男元総裁が病死した。元々、肝臓が悪く中国で肝移植を受けていたが、再発したようだ。

溝下元総裁が極政会会長時代、「ジギリ」と呼ばれる組織のための襲撃事件等を敢行し、長期服役していた組幹部らがいる。その最後となる今田雄二幹部が平成十八年二月に出所した。今田は、草野一家当時、溝下と対立していた上原且久本部長を他二名の組員と射殺し、十九年の懲役に服していた。他の二名は既に出所し、工藤會執行部入りしていた。今田も出所後は執行部入りが確実視されていた。

田上理事長自ら出所出迎えに向かい、一週間後、出所祝いが盛大に執り行われた。その席上、溝下は完全引退を表明し、以後、名誉顧問の肩書で「御大」と呼ばれるようになった。今田の執行部入りについては、恐らく野村会長との間で話ができていたと思われる。野村による工藤會の舵取りに対して一定の信頼もあったのだろう。

だが平成二十年に溝下が死去すると、溝下派への〝粛清〟とも取れる動きが活発になった。

同年七月、溝下と親しかった元工藤會篠崎組・篠崎一雄組長が工藤會幹部に射殺された。篠崎組長は二年前に引退していた。八月には、溝下の秘書を務めていた工藤會末松組・末松勝巳組長の自宅に銃弾が撃ち込まれた。直轄組長の中ほどの地位にいた末松は、特段の理由もなく直轄組長最下位に降格され、その後、交通事故で死亡した。

平成二十三年六月、四代目田中組若頭だった菊地敬吾が五代目田中組組長を継承した。七月、四代目工藤會・野村悟会長は総裁となり、五代目会長の座を田上理事長が継承した。理事長の座は菊地が継承した。工藤會の歴史で初めてトップ3が、何《いず》れも工藤会系、しかも歴代の田中組組長となったのだ。工藤會は田中組のものとなったのである。

この時、工藤會は野村以下、主要幹部が全国の主要団体に挨拶に行った。最初に挨拶に行ったのが、住吉会最高幹部宅だったが、この時、工藤會渉外委員長・T組長がミスをした。野村を紹介し忘れたのだ。野村は激怒し、そのまま福岡に帰り、Tは謹慎となった。

翌日、田上会長以下が関西の山口組、会津小鉄会、酒梅組、東《あずま》組を挨拶に回った。

その間に、Tは野村総裁名で絶縁となった。絶縁は暴力団社会における最も重い処分である。Tは昭和五十四年に初代田中組・田中新太郎組長を射殺した二人のうちの一人だった。つまり野村の親の仇である。

平成二十四年七月、溝下元総裁の後を継いで二代目極政組組長を務め、その後引退した江藤允政《みつまさ》元組長が筑紫野市の自宅マンション前で射殺された。

篠崎射殺事件では、実行犯である工藤會籠縞《かごしま》組若頭・小野朗《あきら》が、現場近くにいた元篠崎組組員らに追跡され逮捕された。しかし、他の事件については、現時点で検挙に至っていない。

江藤組長の引退の経緯も奇妙だった。溝下が死亡したとき、江藤は強要罪で服役中だった。工藤會の意を受けたある弁護士が面会し、「溝下御大の遺志です」と告げて、引退を言い渡したのである。溝下元総裁の名前を出されては逆らえない。出所直前、江藤組長は、獄中で二代目極政組組長を引退した。しかも、北九州地区から出るよう言われ、筑紫野市に転居したのだ。江藤が射殺された理由は色々取り沙汰されているが、野村や田上にとって、江藤は現役当時から目の上のこぶだった。庇護者である溝下の死により、邪魔者、逆らう者は消せという論理が働いたのだろう。

溝下総裁の時代に、極政会系組長が何人か工藤會執行部入りしていた。江藤組長が獄中で引退させられた後、三代目極政組を今田雄二幹部が継承した。その後、今田は執行部入りし、組織委員長となったが、野村らの逮捕後その席を退き、最近、極政組組長も引退した。

特定危険指定暴力団・工藤會

平成二十四年十二月、五代目工藤會は、福岡県公安委員会と系列事務所がある山口県公安委員会から、改正暴力団対策法に基づき、「特定危険指定暴力団」に指定された。全国で唯一の指定である。

暴力団対策法では、暴力的要求行為等に関連し、凶器を使用して人の生命身体に危害を加え、更に反復して同様の暴力行為を行う恐れがある暴力団を、公安委員会が特定危険指定暴力団として指定することができる。

特定危険指定暴力団は、これまでの指定暴力団に対する規制に加え、特に暴力団の威力を示して行う暴力的要求行為に対する規制が強化された。

具体的には、公安委員会が、特定危険指定暴力団の暴力行為により人の生命又は身体に重大な危害が加えられることを防止するため、特に警戒を要する区域を「警戒区域」として定める。工藤會の勢力範囲である北九州市、福岡市、北九州地区や鞍手郡内の市や町が「警戒区域」とされている。

みかじめ料要求、不当な債権取立てなどの暴力的要求行為は、全ての指定暴力団に対して規制されているが、特定危険指定暴力団員については、これまで規制のなかった不当要求の相手方に対する面会要求や電話、メールなども規制されるようになった。また、中止命令違反があって初めて処罰対象となっていたものが、暴力的要求行為のみで検挙が可能となった。これまではイエローカードが前段にあったものが、一発レッドカードになったというわけだ。また、一定の場合は事務所の使用も制限される。

特定危険指定暴力団の制度は、まさに暴力性の際立つ工藤會を前提に作られたと言っても言い過ぎではない。ただ、指定後、直ちに規制が生じる特定抗争指定暴力団とは異なり、その効果はすぐに現れるものではなかった。

実は工藤會暴力団員の中には、特定抗争指定暴力団と勘違いして、直ちに事務所の使用が制限されると誤解している者が結構いた。彼らは「早く指定してくれ」と言っていた。そうすれば、朝早くから、あるいは日に何度も事務所に集められたり、当番をさせられたりすることがなくなるからだ。

平成二十六年十一月二十日、福岡県公安委員会は工藤會本部事務所、野村悟総裁本家の一部、田中組本部と田中組紺屋町支部の四か所に対し事務所使用制限命令を発出した。以後、命令の更新を続けている。

平成三十年八月に使用制限を受けている四か所を見て来た。道路よりも高い位置にあり、高い塀で囲まれた本家の様子はよくわからなかったが、工藤會本部、田中組本部は目に見えて寂れていた。工藤會本部の一階出入り口付近には背の高い雑草が生えていた。田中組本部は屋根の鉄製の飾りの一部がめくれ上がり、一部は錆が生じていた。田中組本部一階の駐車場には、ゴミが山積みされていた。工藤會対策に関わってきた者として隔世の感を覚える光景だった。


平成二十五年三月、暴力団対策部副部長として既に二年が経過し、定年まで残すところ三年となっていた。定年まで副部長のままでいいと上司には話していたが、それが通用しないことは十二分に承知していた。

三月四日、私は久留米警察署長を命じられた。暴力団対策部門との別れが来たことを悟った。

工藤會頂上作戦

平成二十六年九月十一日、長い工藤會VS福岡県警の戦いの歴史の転換点が訪れようとしていた。

午前六時四十五分、北九州市小倉北区熊谷で、多数の報道陣が見守る中、百名近い県警捜査員が工藤會トップ・野村悟総裁の自宅に入った。

午前七時過ぎ、県警の捜査車両内で野村総裁は通常逮捕された。容疑は平成十年二月に発生した元漁協組合長・梶原國弘氏殺害だった。

同じ頃、北九州市戸畑区の工藤會ナンバー2・田上不美夫会長宅にも捜査員が入ったが、田上会長はいなかった。二日後、田上会長はある県警捜査員に電話し、任意同行後、小倉北警察署で逮捕された。

報道機関が「頂上作戦」と名づけた工藤會最高幹部らに対する一連の捜査のスタートだった。

九月三十日には、工藤會内で野村総裁、田上会長に次ぐ地位にある菊地敬吾理事長が、女性看護師に対する組織的殺人未遂事件で逮捕された。この事件では、翌十月一日、野村総裁、田上会長も逮捕されている。

工藤會のトップ三人が同時に社会不在という、異例の事態となったのだ。

一連の頂上作戦における主要事件の検挙状況は次のとおりである。

① 平成二十六年　九月十一日　元漁協組合長に対する殺人事件検挙

平成十年二月、北九州市小倉北区の繁華街路上で、元漁協組合長・梶原國弘氏が、工藤會幹部らにより拳銃で撃たれ殺害される（梶原事件）。

※ 九月十一日、野村総裁を逮捕。九月十三日、田上会長を逮捕

② 十月一日　女性看護師に対する組織的殺人未遂事件検挙

平成二十五年一月、福岡市博多区の路上で帰宅途中の女性看護師（当時45）が、工藤會幹部により頭や胸などを刃物で数回刺され重傷を負う（実行犯・大石薫）。

※ 九月三十日、菊地理事長を逮捕。十月一日、野村総裁と田上会長を逮捕。

他に田中組系瓜田組・瓜田太組長、田中組・田口義高若頭らを逮捕

③ 平成二十七年　五月二十二日　歯科医師に対する組織的殺人未遂事件検挙

平成二十六年五月、北九州市小倉北区の駐車場で、梶原國弘氏の親族（孫）の男性歯科医師（当時29）が、工藤會幹部に脇腹や左足などを刃物で数回刺され重傷を負う。

④ 六月十六日　工藤會総裁らによる所得税法違反事件検挙

※ 五月二十二日、野村総裁、田上会長、菊地理事長、瓜田組長らを逮捕

平成二十二年から平成二十五年の四年間における野村総裁の所得約二億二千七百万円に対する所得税約八千八百万円を脱税したもの。

※ 六月十六日、野村総裁、工藤會総務委員長・山中政吉組長らを逮捕

⑤ 七月六日　元警部に対する組織的殺人未遂事件検挙

平成二十四年四月、北九州市小倉南区の路上で、通勤途中の元福岡県警警部（当時61）が、工藤會幹部から拳銃で撃たれ重傷を負う。

※ 七月六日、野村総裁と田上会長、菊地理事長、瓜田組長、田口若頭らを逮捕

⑥ 七月九日　工藤會総裁らによる所得税法違反事件検挙

平成二十六年における野村総裁の所得約二億円に対する所得税約七千二百万円を脱税したもの。

※　七月九日、野村総裁、山中組長及び山中組長の妻を逮捕

⑦　十一月二十五日　暴力団排除標章掲示店舗入居ビルに対する放火事件検挙

平成二十四年八月、北九州市小倉北区の繁華街で、工藤會幹部らが暴力団排除標章を掲示した飲食店等が入居するビルに放火したもの。

※　十一月二十五日、菊地理事長、田口若頭らを逮捕

⑧　平成二十八年　六月三日　暴力団排除標章掲示クラブ役員に対する組織的殺人未遂事件検挙

平成二十四年九月、北九州市小倉北区の路上で、暴力団排除標章を掲示していたクラブの男性役員（当時54）が、工藤會幹部により腰などを刃物で数回刺され重傷を負う。

※　六月三日、田口若頭らを逮捕、平成三十年四月十三日、菊地理事長らを逮捕

⑨　平成二十九年　一月十九日　建設会社会長に対する殺人事件検挙

平成二十三年十一月、北九州市小倉北区の自宅前で、建設会社会長（当時72）が、工藤會幹部らにより拳銃で撃たれ殺害される。

⑩　※　一月十九日、瓜田組長、田口若頭らを逮捕

六月二日　暴力団排除標章掲示スナック女性経営者に対する組織的殺人未遂事件検挙

平成二十四年九月、北九州市小倉北区のマンション入口付近で、暴力団排除標章を掲示していたスナックの女性経営者（当時35）が、工藤會幹部により顔などを刃物で数回刺され重傷を負う。マンションまで女性を乗せ、女性を助けようとしたタクシー運転手（当時40）も、首などを刺され重傷を負う。

⑪　※　六月二日、菊地理事長、田口若頭らを逮捕

九月八日　清水建設従業員に対する殺人未遂事件検挙

平成二十三年二月、北九州市小倉北区の病院建設現場事務所で、清水建設社員（当時50）が、工藤會幹部により拳銃で撃たれ重傷を負う。

※　九月八日、瓜田組長、田口若頭らを逮捕

⑫　**十一月九日　小倉南区自治総連合会会長等に対する殺人未遂事件等検挙**

平成二十二年三月、北九州市小倉南区において、「長野会館」撤去運動に参加した小倉南区自治総連合会会長の自宅に、工藤會幹部らが銃弾を撃ち込み、会長夫婦を殺害しようとしたもの。

※ 十一月九日、瓜田組長らを逮捕

平成三十年に入ってからも、六月には平成二十年一月に福岡市博多区内の大林組九州支店前で発生した同社社員ら三人が乗車した車両に対する銃撃事件で、工藤會幹部らを逮捕している。さらに十一月には、平成二十年九月に北九州市小倉北区で発生した建設会社社長乗車車両に対する銃撃事件で、工藤會幹部らを逮捕している。

しかし、なぜ一連の検挙の皮切りとなったのが、十六年も前の事件だったのか。

①の元漁協組合長に対する殺人事件については、私も平成十五年の地裁の補充捜査に関わっていた。状況的には、今回検挙に至ったように、野村総裁、田上会長の指示で犯行が行われたことは明白だった。ただ、裁判で有罪を獲得するために必要な「合理的疑いを差し挟む余地のない程度」の証明を得ることはできなかった。

この事件着手に向けては、当時の担当幹部らの戦略的な発想や緻密な捜査があった。大きな勝因の一つは、平成二十六年一月十六日の大阪高裁判決である。

その事件は、平成十九年五月に、神戸市中央区の路上で、山口組山健組傘下組織の後藤一男総長（当時65）が、脇腹などを刺され殺害されたものだ。兵庫県警による捜査の結果、同じく山健組傘下の兼國会（現・健國会。以下「健國会」）の複数の傘下組織組長や幹部らが検挙、有罪となった。殺害の原因は、後藤総長が上部組織の山口組・高山清司若頭暗殺を企て、これが発覚したための粛清だったなどと言われている。

その後の捜査で、平成二十二年四月、山健組若頭に就任していた健國会会長・井上國春が指揮者として逮捕、起訴された。検察は、井上が配下組員らに犯行を指示し、さらに事件直前、後藤総長の居場所を現場の実行犯らに携帯電話で知らせたなどとし、懲役二十五年を求刑した。

平成二十四年二月、神戸地裁は「合理的な疑いが残る」として井上に無罪を言い渡した。ところが、大阪高裁はこの一審判決を破棄し、井上被告に懲役二十年を言い渡した。その理由が、今回の梶原事件再捜査にも生かされている。

大阪高裁は、後藤総長殺害に関与したのが、健國会傘下の複数組織の組長や幹部らであったことに着目した。

高裁は「（井上）被告の、配下や下部組織組員に対する支配力が絶対的であることは経験則上明らか」、「本件犯行は、健國会の指揮命令系統に従って組織的に準備、遂行された」、そして実行犯らに「個人的な利害や怨恨等があったとは到底考えられない」などとし、特段の事情がない限り、健國会トップの井上の指揮命令に基づいて行われたと認められるとした。

梶原事件では、実行犯として田中組傘下の中村組組長・中村数年、見届け役として同じく田中組傘下古口組組長・古口信一の二人が有罪となり、中村は無期懲役、古口は懲役二十年が確定した。実行犯の一人として、同じく田中組田上組幹部Nを検挙したが、平成十八年五月、福岡地裁は「合理的な疑いが残る」としてNを無罪とした。なお服役中の古口、そしてN両名はそれぞれ病気等により既に死亡している。

また、新たに検挙、起訴された田上会長についても、平成十四年六月に本件で逮捕したが、証拠不十分で不起訴となっていた。

工藤會への「頂上作戦」での梶原事件再捜査では、この大阪高裁判決を参考に、事件の再構築が行われたようだ。

大阪高裁の判決にあったように、梶原事件は、当時工藤連合ナンバー2だった野村悟・田中組組長配下の田上若頭、中村組長、古口組長、N、そしてそれぞれの配下、親交者による組織的な犯行だった。そして、その原因・動機は、野村組長の不当な要求を被害者が拒絶していたことである。

梶原事件ではこれまでも、多くの工藤會関係者が具体的な供述を行い、その裏付けも相当程度行われていたが、その多くが公判廷では供述を拒否していた。ところが、事件の鍵となる複数の関係者が、高裁判決後に病気などにより死亡した結果、公判廷における供述に替えて、彼らの検察官調書が有力な証拠として使用できるようになったのだ。

これは、単なる昔の事件の蒸し返しではない。担当捜査幹部以下で、徹底的な証拠の再吟味と、間接的な証拠、関係者からの再聴取など更に証拠を積み重ねていった。そのことにより、通常なら手が届かない首謀者である野村総裁、田上会長の検挙、起訴に至ったのだ。

もう一つ、画期的だったのは、野村総裁を脱税事件で検挙したことだ。

野村総裁は、駐車場経営という〝正業〟を持っている。そして、駐車場経営により得た資金については、「確定申告」を行っていた。その収入は決して少ない額ではなかったが、一方で少なからざる金を毎年消費していた。ところが、野村総裁のものと推定された金融機関の口座には、毎年のように億単位で金が積み上がっていた。

我が国の税制度では、捜査当局や国税当局が、相手の所得を具体的かつ詳細に立証しなければ脱税として摘発・検挙はできない。

野村総裁の脱税事件では、平成三十年七月、一審の福岡地裁は野村総裁に懲役三年、罰金八千万円、山中組長に懲役二年六月の有罪判決を下し、二人は控訴した。令和二年二月、福岡高裁はこれを棄却。二人は最高裁に上告した。

一審判決では、少なくとも所得の一部について、その金を提供したパチンコ店関係者等や現金受渡しに関与した工藤會幹部、組員らの具体的な供述などが明らかとなっている。おそらく、事件着手段階から、検察、国税当局と緊密な連携を図りながら、捜査側の努力によって、具体的な収入、支出、資産の状況を解明し、複数の関係者の供述を得ることができたからこそ、検挙できたのだろう。金庫番だった山中組長の手帳を押収できたのが大きいとも言われている。

しかし、この〝成功〟は、一方で大きな課題を隠してしまわないかと心配している。

暴力団幹部で、収支状況を小まめに記録している者はまれだ。国税当局が「収入」と特定できなければ、毎年何億、何十億円の収入があっても課税することはできない。

先に触れたように、私が捜査第四課管理官だったときに工藤會と関わりがあるとされた福岡県議を政治資金規正法違反等で検挙した際、議員の親族方から約五億円を押収した。また、それまでの捜索で議員の関係先から既に一億円ほどを押収していた。

県議の報酬では到底得ることができない金額だ。議員はもちろん自らの所得とは認めなかった。残念ながら、それを打ち崩す資料も関係者の供述も得ることはできなかった。結果、政治資金の一部を所得としていたとして、千数百万円を課税通報できただけで、残りの五億円以上は議員に返還せざるを得なかった。

工藤會総裁らについては脱税で検挙、一審二審で有罪を勝ち得た。だから、他の暴力団トップにもできる、というものでは決してないのだ。山口組六代目・篠田建市組長は十億円、髙山清司若頭は十五億円の保釈金を即金で用意し保釈となった。その金はどこから得たのだろうか。もちろん二人にそれを説明する義務はない。

野村総裁は、女性看護師に対する組織的殺人未遂事件（②）、梶原國弘氏の親族にあたる歯科医師に対する組織的殺人未遂事件（③）、二件の所得税法違反（④、⑥）で逮捕された。平成二十七年七月には、元警部に対する組織的殺人未遂事件（⑤）でも逮捕された。野村総裁は何れの事件でも起訴された。

田上会長も、所得税法違反を除き、野村総裁と同じ事件で逮捕、起訴された。

菊地理事長は、その後、歯科医師、元警部、スナック女性経営者に対する組織的殺人未遂事件等で逮捕され、いずれも起訴されている。

この平成二十六年九月以降、工藤會ではトップ3がいずれも殺人事件等で検挙、起訴され勾留中という未曾有の事態が続いている。

「頂上作戦」に至るまで

ここまで、私が直接関わってきたことを中心に、平成十五年以降の工藤會対策について書いてきた。工藤會による数々の卑劣な事件、そして、工藤會総裁以下主要幹部の検挙に至った経緯を自分なりにまとめてみたいと思う。

福岡県警は昭和六十二年以降、平成八年春から平成十年春までの二年間を除き、ほぼ百名以上の専従態勢を敷いて、工藤會対策を進めてきた。

ただ、平成十八年四月に、北九州地区暴力団総合対策現地本部を発足させるまでは、工藤會対捜査第四課という構図だったと思う。そのため、工藤會に対する取締りに一定の効果が出て来ると、工藤會側は無差別銃撃事件や事業者襲撃事件を繰り返した。すると、取締りの主力をそれら襲撃事件等に向けざるを得ない。そのせいで、工藤會を支える一部市民や事業者といった土壌部分に十分メスを入れるには至らなかった。そして、実行犯やその周辺部分は検挙できても、工藤會トップにまで突き上げることはできなかったのだ。

その反省点に立ち、北九州地区暴力団総合対策現地本部が発足した。これにより、工藤會対県警察という構図に変わった。それまで「警察は命まで取らないが、工藤會は命を取る」と言って、捜査への協力を拒否していた、工藤會と関係のあった一部建設業者などの態度も変わってきた。

すると、工藤會は大型工事の元請けであるゼネコン、更には発注者を襲撃するようになった。未検挙だが、ついにはトヨタ自動車九州に対する手榴弾投てき事件が発生した。福岡経済全体にショックをもたらす事件が起きた結果、工藤會対警察に福岡県や北九州市といった行政が加わってきたのだ。

それにより、全国初の暴力団対策部、そして工藤會専門の取締課である北暴課が誕生した。そして、全国初の総合的暴力団排除条例の制定につながった。

暴力団排除条例は、それまでの警察対暴力団という構図を、県民・事業者・行政・警察対暴力団に変えた。長野会館問題がそうだった。暴力団排除標章制度では、実に八〇%近くの方たちが暴力団にノーを突きつけた。

極めて異例だが、福岡県知事や北九州市長、福岡市長は、国家公安委員会や警察庁に対しても、暴力団対策法の改正や暴力団に対する効果的な捜査手段の導入などを度々要請してきた。それが、特定危険指定暴力団、特定抗争指定暴力団の新設、刑事訴訟法の改正等に繫がっていったと思う。

一方で私は、工藤會トップ以下の主要幹部逮捕とその後の進展について、なぜか喜びは感じなかった。県警のかつてない大きな成果を素直に喜べない自分が、情けなかった。

もちろん、私自身の手で、これらの事件を解決したかったという気持ちは強くあったが、それとは別の理由があった。

平成二十六年九月以降、福岡県警は工藤會総裁以下の最高幹部、そしてその手足となった田中組に対し、徹底的な捜査を推進している。平成二十九年中にも、私が工藤會を担当していた当時発生した、小倉北区における建設会社社会長殺人事件（⑨）、小倉北区におけるスナック女性経営者に対する組織的殺人未遂事件（⑩）、小倉北区における清水建設従業員に対する殺人未遂事件（⑪）、小倉南区自治総連合会会長等に対する殺人未遂事件（⑫）の四事件が検挙された。いずれも工藤會総裁以下トップ3が歴代組長を務めた田中組による組織的犯行である。

なぜ、一連の工藤會頂上作戦に対して、素直に喜べなかったのか。間違いなく、これらの取締りは、凶悪事件を繰り返してきた工藤會に対し、大きな打撃を与えることができた。

しかし、その成果が逆に、我が国の暴力団対策、組織犯罪対策を現状維持とさせてしまうのではないかという懸念があるのだ。

他の暴力団は、これまでの福岡県警の工藤會対策からしっかり学習しており、それによって現在まで生き延びてきたのだ。この問題について、第二部で触れたいと思う。

第二部　暴力団VS市民

一　暴力団は今も脅威か？

暴力団の現状

第一部では、福岡県警と暴力団、特に工藤會との戦いについて、個人的経験を交えて述べてきた。第二部では、今後、市民がどう暴力団と向き合い、戦っていくべきか、私の考えを述べたいと思う。

令和元年十月十八日、六代目山口組ナンバー2の高山清司若頭が出所した。それを機に、分裂した神戸山口組との間で複数の死傷者が出る襲撃事件が起こり、ついに令和二年一月、両団体は「特定抗争指定暴力団」に指定されるに至った。

とはいうものの、当該地域以外の皆さんは、暴力団の具体的な脅威は感じていないだろう。

実際、暴力団員、そして準構成員は年々、その数を減らしている。

図2は昭和三十三年以降の「暴力団勢力」、図3は平成三年以降の「暴力団員」「準構成員等」の数と、その二つの合計である「暴力団勢力」の推移を示したグラフであり、数値

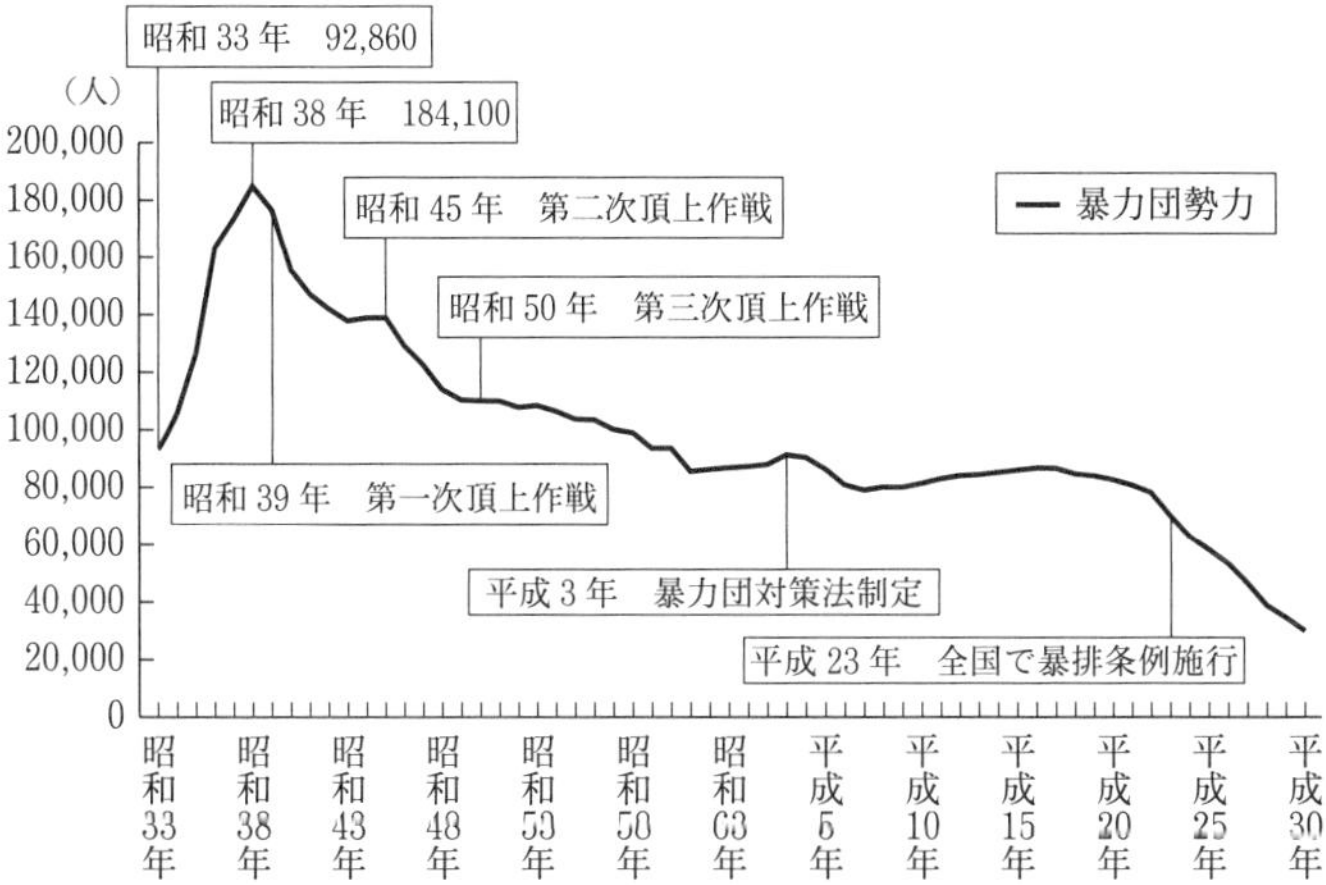

図2　暴力団勢力の推移

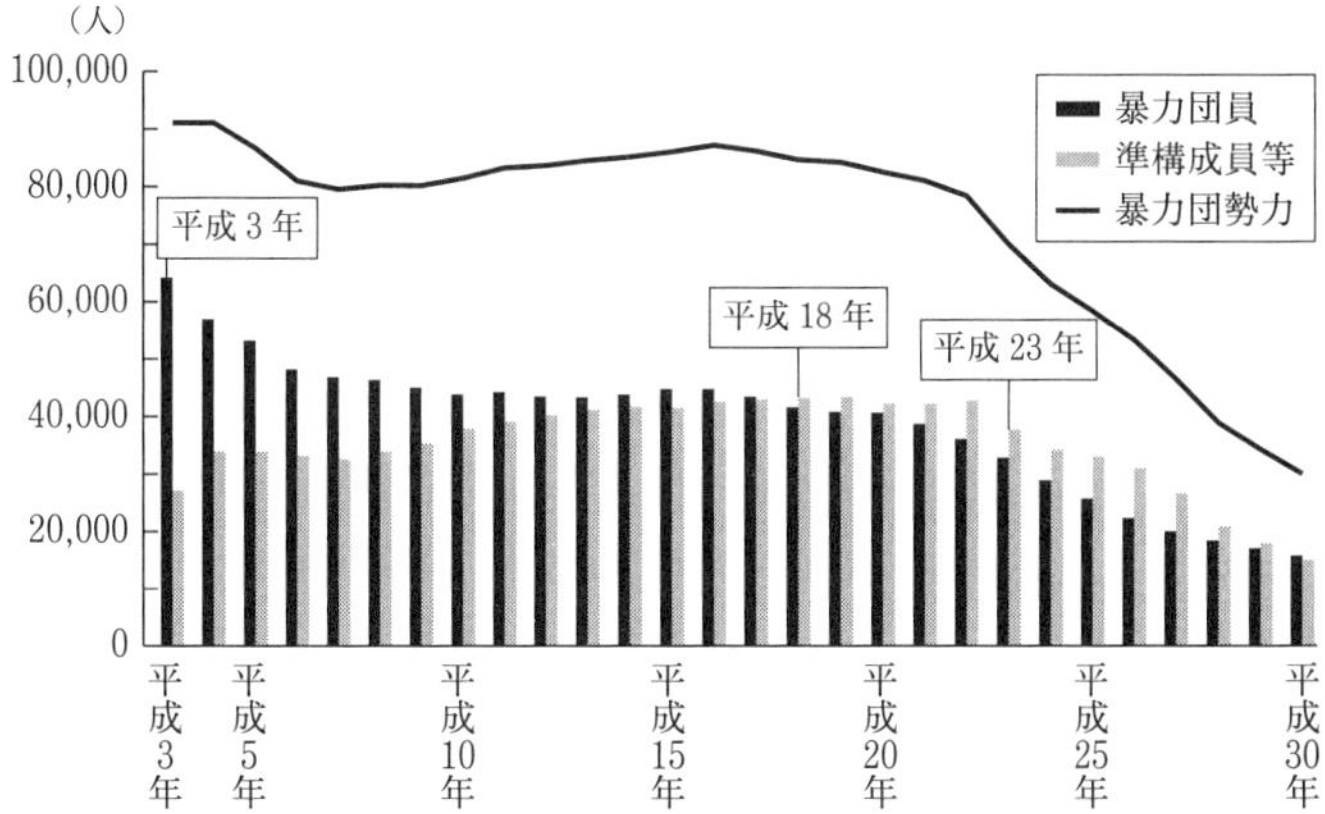

図3　暴力団員と準構成員等の推移

※警察庁の公開データに基づき著者作成

は各年末のものである。準構成員等とは、暴力団または暴力団員の一定の統制下にある者、つまり手足となっているような者のことだ。資金や武器の提供など暴力団の維持、運営に協力している者を指す。

データのある昭和三十三年以降、昭和三十八年までに勢力が大幅に増加している。昭和三十八年末がピークで、約十八万四千百人を数えた。同年の都道府県警察官の数は約十三万七千五百人であるから、全国警察官数よりも暴力団勢力のほうが多かったのだ。

その後、昭和三十九年からの第一次頂上作戦、昭和四十五年からの第二次頂上作戦によって数は激減しており、いずれも暴力団の弱体化に一定の効果があったことが明らかだ。

しかし、昭和五十年の第三次頂上作戦以降、暴力団勢力の減少傾向が弱まっている。平成三年に暴力団対策法が制定されると、暴力団員が減って準構成員等が増加し、平成十八年末には逆転している。結果、全体の数である暴力団勢力としては横ばい状態が続いていた。

だが平成二十三年十月の東京都と沖縄県を最後に、全国都道府県で暴力団排除条例が施行されると、以後、暴力団員、準構成員等いずれも大幅に減少している。

暴力団は必要悪なのか？

暴力団問題を論じるときに決まって出てくるのが、暴力団イコール必要悪という言説である。

平成二十三年十月、産経新聞が、六代目山口組・司忍こと篠田建市組長のインタビューを掲載した。

記者の「今後、山口組をどのように運営していくつもりなのか。広域暴力団という形を捨てたり、解散したりする考えはないか」という質問に対し、篠田組長は次のように語っている。

「山口組を今、解散すれば、うんと治安は悪くなるだろう。なぜかというと、一握りの幹部はある程度蓄えもあるし、生活を案じなくてもいいだろうが、三万、四万人といわれている組員、さらに五〇万人から六〇万人になるその家族や親戚はどうなるのか目に見えている。若い者は路頭に迷い、結局は他の組に身を寄せるか、ギャングになるしかない。それでは解散する意味がない。ちりやほこりは風が吹けば隅に集まるのと一緒で、必ずどんな世界でも落後者というと語弊があるが、落ちこぼれ、世間になじめない人間もいる。われわれの組織はそういう人のよりどころになっている。しかし、うちの枠を外れると規律がなく、処罰もされないから自由にやる。そうしたら何をするかというと、すぐに金になることに走る。強盗や窃盗といった粗悪犯が増える（後略）」

半世紀前から、暴力団側は同じようなことを言っている。それは、「ヤクザ」組織が「落ちこぼれ」のよりどころとなって、社会に迷惑をかけないようにしているということだ。

いわばば社会のセーフティネットが暴力団だという論理である。

では、暴力団員が減ったら、犯罪が増えるのだろうか。

図4は、全国の刑法犯認知件数と、暴力団勢力数の比較グラフである。折れ線グラフが「暴力団勢力」数でグラフ右側の数、刑法犯認知件数は棒グラフで左側の数となっている。

昭和三十九年に第一次頂上作戦が始まり、多くの暴力団が一時的に解散に追い込まれた。それが昭和四十年以降の勢力減少につながったものと思う。一方、刑法犯の認知件数は昭和三十年ごろから昭和五十年ごろまで、ほぼ横ばい状態だ。暴力団勢力の増減とは関係な

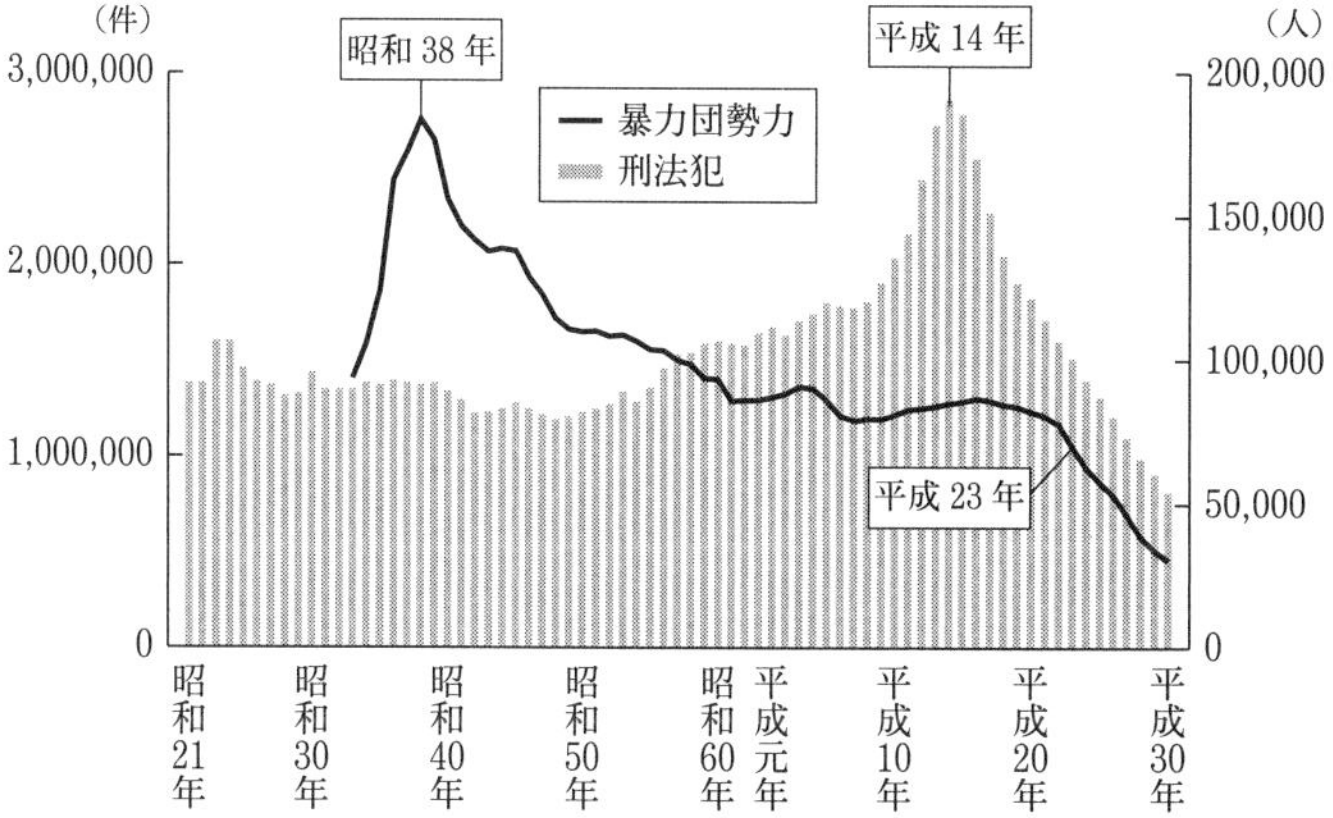

図4　暴力団勢力と刑法犯認知件数

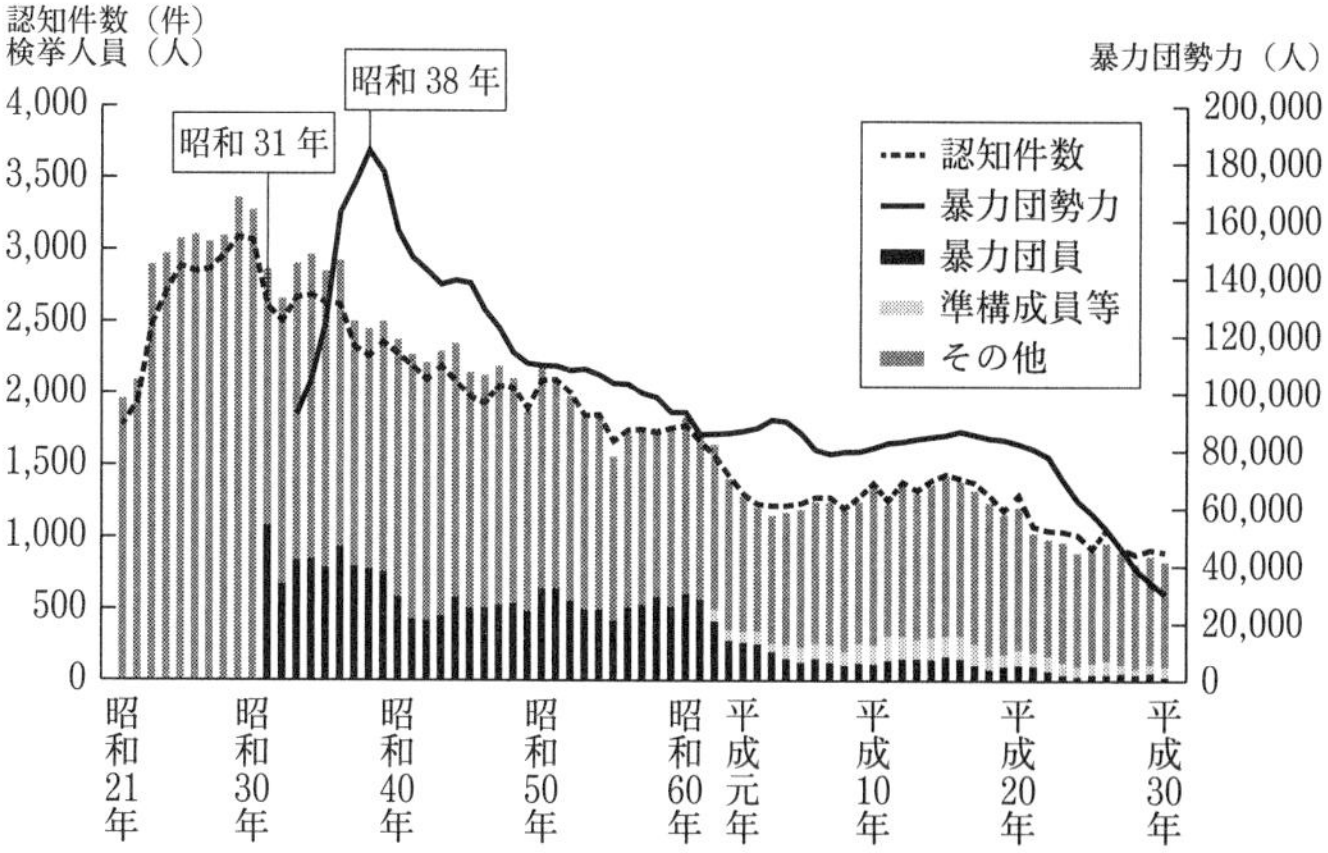

図5　暴力団勢力と殺人事件認知件数・検挙人員

※警察庁の公開データに基づき著者作成

いようである。なお、平成十四年には認知件数がピークとなっているが、平成十五年版の警察白書では、その背景に、街頭犯罪の増加や少年非行の深刻化、来日外国人による組織犯罪の多発などを挙げている。当然のごとく一一〇番件数も比例して増えているが、その対応に交番勤務の地域警察官が追われたため、警ら（パトロール）や職務質問など犯罪抑止効果のある活動ができなくなり、結果として犯罪が増えるという悪循環が起きていたと考えられる。

図4の右端を見ると、平成二十三年以降、再び暴力団勢力は急激に減少している。全都道府県で暴力団排除条例が施行されたのが大きな原因だろう。しかし暴力団勢力が減っても、犯罪は増えるどころか減少を続けている。治安が悪化したとは言えないのだ。

刑法犯の約七〇%は窃盗だ。窃盗事件の減少が刑法犯減少の主な要因である。

それでは、凶悪事件の最たるものである殺人事件ではどうか。

平成二十八年中の殺人事件認知件数は、八百九十五件で史上最低を記録した。令和元年中も九百五十件と千件を切っている。そして検挙率は平均九六%前後を維持している。

検挙者に占める「暴力団員」（昭和六十一年以前は暴力団準構成員等を含む）、暴力団員を除く「その他」の検挙人員と比率を示したのが、図5だ。

図5左の昭和三十一年中の殺人事件認知件数は二千六百十七件で、検挙件数は二千五百五十件、検挙人員は二千八百六十二人中千七十八人が暴力団員である。

平成より前は、むしろ暴力団員や準構成員等による殺人事件が多かったことがわかる。昭和六十年代ごろまでは、殺人事件検挙者の二、三割を暴力団員や暴力団準構成員等が占めていた。

殺人事件に関しては、暴力団が減少した分、抗争も減り、その発生も減少したと言えるだろう。また、山口組組長が例に挙げた強盗事件も、平成十五年の認知件数七千六百六十四件に対し、山口組組長のインタビューが行われた平成二十三年は三千六百九十五件、令和元年は千五百十一件と、暴力団勢力の減少にかかわらず、大幅に減少している。

山口組、そして山口組から分裂した神戸山口組、絆會（元・任俠山口組）、この三団体を合わせた暴力団員数も、平成二十三年末の約一万五千二百人から、令和元年末には約五千九百人と半分以下に減少している。しかし、刑法犯も強盗も、殺人事件も増加はしていない。

全国的に暴力団員と準構成員等いずれも減っているが、刑法犯も凶悪事件も大幅に減っている。篠田組長の指摘は当てはまらない。

どんな経緯で暴力団員になるのか

産経新聞のインタビューで篠田組長は「山口組には家庭環境に恵まれず、いわゆる落ちこぼれが多く、在日韓国、朝鮮人や被差別部落出身者も少なくない。こうした者に社会は冷たく、差別もなくなっていない」と語っている。

全国の指定暴力団二十四団体の中で、韓国・朝鮮籍と思われる代表者は七人いる。決して少ない数ではない。ただ、このうち浪川会会長と絆會会長を除き、いずれも年齢は七十歳以上だ。彼らが暴力団に加入したのは、五、六十年前のことだろう。

たしかに、数十年前は在日韓国・朝鮮籍の暴力団員が今より多かったように感じる。しかし、暴力団員の中に占める在日韓国・朝鮮人、被差別部落出身者の調査といったものは、今まで聞いたことがない。

数年前、その生い立ちや暴力団への加入状況が判明していた暴力団員合計二百七十一人について調査したことがある。二百七十一人中、七人（約二・六％）が韓国籍だった。国内の在日韓国・朝鮮籍の人々の比率よりは高いと思うが、極端に多いとまでは言えない。

篠田組長は「家庭環境に恵まれず、いわゆる落ちこぼれが多く」とも語っているが、それは確かに暴力団員になった人間の多くに当てはまる。

平成十八年四月から六月にかけて検挙した工藤會組員三十九人の学歴を調べると、約八〇％が中学校卒業あるいは高校・専門学校中退だった。

取調べにあたった捜査員に聞いてみると、工藤會への加入原因に国籍や出身地の問題は認められず、中学校の非行グループや暴走族仲間の先輩後輩といった関係から、工藤會へ誘われ加入しているケースが多かった。

先の二百七十一人を対象とした調査結果でも、約八三％が中卒か高校・専門学校中退だった。百六十九人（約六二％）が非行歴を有し、約半数の百二十一人が子供時代、少年時代、家庭に問題を抱えていた。ちなみに百五十五人の暴力団員は自ら離婚を経験していた。

つまり、暴力団員の多くは、家庭的な問題から非行に走り、非行グループの先輩や、盛り場などで知り合った暴力団員から誘われて暴力団に加入していくのだ。

非行に走った少年たちを、暴力団は「金が入る」、「いい車に乗れる」、「でかい面できる」などと甘い言葉で組織に誘い入れる。暴力団は、行き場のない少年たちを受け入れているのではなく、自ら誘い入れているのだ。そして、一旦加入すると簡単には辞められないのが暴力団だ。

以前は十代で加入する者もかなりいた。ただ、暴力団員が少年を暴力団に加入させると児童福祉法違反で検挙されたり、二十歳未満への勧誘を禁じる暴力団対策法の効果もあり、最近では、未成年者を暴力団に加入させる例は聞かなくなった。

先の二百七十一人を対象とした調査の結果では、暴力団へ加入したのは、十代が四十四人、二十代が百六十六人、三十代が五十一人、四十代が十人で、さすがに五十代以上はいなかった。

刑務所や拘置所、警察の留置場で勧誘された者も三十三人（約一二％）いた。三十代以降に加入した者のうち、十人が刑務所等で誘われ、出所後、暴力団入りしている。

学歴では、中学卒が百十五人、高校・専門学校中退が百十一人だった。東京などでは、大卒の暴力団員も多いそうだが、この調査では大卒一人、中退五人だった。

ヤクザになろうとして、また、犯罪者になろうとして生まれてくる子供はどこにもいない。

どのような背景から暴力団員となり、その後、どのような人生を歩むのか。具体例を一つ紹介したい。

工藤會幹部でNという現在四十歳過ぎの男がいる。

北九州市小倉南区に生まれた。彼には弟と妹がいる。両親はいたが、彼が小学校二年生の時に離婚し、彼らきょうだい三人は市内の児童養護施設に預けられた。父親は所在不明となり、母親についても記憶もほとんど無いとのことだった。

中学校卒業後、市内の職業訓練校に進み、訓練校卒業後は鳶職人として真面目に働いた。しかし、二十歳になろうとする頃、仕事の出張先で通りかかった男数名と喧嘩したことで会社をクビになってしまった。

その後、工藤會のある組長から盃をもらい、それからその組の幹部となった。組員となった経緯を本人は話そうとしなかったが、会社をクビになった後に、顔見知りの組員から仕事があると誘われたのがきっかけのようだ。

銃撃事件の実行犯として、平成十六年にNを逮捕した。彼のシノギの一つはシンナー密売だった。その後、シンナー密売のもつれから、小倉南区の山中に二十一歳の男性を呼び出し、頭からシンナーをかけ焼き殺そうとした殺人未遂事件が発覚した。男性は、その後も意識不明の植物状態のままだ。平成十八年、Nはこの事件等も合わせて無期懲役が確定し、服役中である。

彼の弟も、その頃、工藤會組員となったが、その後、離脱した。妹は結婚し、遠方で暮らしているようだ。

Nは、平成二十一年、服役中の刑務所から福岡県警に宛てて工藤會からの脱退届を送ってきた。その中には「家庭の事情で人並みの教育を受けられなかった。自分が家庭を支えるしかなかったが、学歴もない自分には仕事もなく、人間関係もうまくいかず長続きしなかった」などと書かれていた。

また、被害者に対しても生涯、罪を償っていく決意が書かれていた。

私は、刑務所で人生を省《かえり》みた彼の決意を、その言葉どおりに受け止めたいと思っている。

〝スカウト〟が中心

暴力団員になるのは、恵まれない家庭環境などにより非行に走り、社会から落ちこぼれてしまった若者たちが大半である。そして彼らを、非行グループの先輩や、繁華街等で知り合った暴力団員が、甘い言葉で勧誘し、暴力団に引きずり込んでいるのだ。

それに気づいたのが、北九州地区暴力団総合対策現地本部を設置した平成十八年のことだった。

第一部二で取り上げた工藤會による建設業者等に対する連続発砲事件で、工藤會F組を徹底的に取り締まり、四十人ほどいた組員の大部分を検挙した。残ったのは、F組長以下十名弱だった。

だが一年後、現地本部で再び工藤會対策に復帰したところ、F組は組員を大幅に増やして勢力を取り戻していた。F組は北九州市小倉南区に事務所を置き、組長以下の組員も小倉南区出身や北九州地区出身が大部分だった。ところが不思議なことに、新しく組員となった者の出身地を調べてみると、なぜか筑豊地区の直方市出身者が多かった。直方市は私がかつて刑事課長をしていた直方署が管轄する。旧炭鉱地帯である筑豊の一角ではあるが、犯罪も少なく、工藤會はおろか暴力団事務所の一つも無い街だった。

直方市出身者が多い理由はF組内協力者からの情報や、検挙したF組組員らを取り調べる過程でわかってきた。それは直方市出身のF組幹部が、中学校時代の後輩たちをF組に加入させ、加入したそれらの組員が、さらに非行グループの仲間や中学校の後輩を引きずり込んでいたのだ。

検挙した工藤會暴力団員たちの学歴や経歴を調べると、大部分は中学卒か高校・専門学校中退だった。

中学生向けの暴排教室

それならば、中学生までの段階で、暴力団の実態や、一旦加入すると簡単には離脱できない現実を、少年たちに知ってもらう必要があると考えた。

当時は、それにふさわしい教材やビデオがなく、では作ってしまおうと考えて平成十八年に制作したのが『許されざる者』である。クリント・イーストウッド監督の同名の西部劇が有名だが、もちろん関係はない。

表題には二つの意味がある。

暴力団に加入すると簡単には抜けられない。そして暴力団組織は特に裏切り者を許さない。時に命すら狙われる。そこで一つの意味は、暴力団組織を裏切り、組織にとって「許されざる者」となる暴力団員を主人公にしたことだ。

もう一つとして、いい暴力団員などいない、本来なら存在も許されないのだという意味を込めている。

出演者や制作スタッフは、当時、現地本部で活動していた警察官や警察職員たちで、個々のエピソードは、全て事実に基づいている。

現地本部は工藤會取締りのために設置されたので、撮影、編集は勤務終了後や、たまの休日に行った。私は脚本、撮影、編集を行った。制作費は三十万円ほどで、暴追センターに出してもらった。

演技も制作も素人だが、暴力団対策に従事する警察官等が出演、制作ということで、制作段階から新聞、テレビのニュースでも大きく取り上げられた。

このビデオは完成後、まず北九州地区の中学生や高校生に見てもらいたいと思った。

そのため、制作前に北九州市教育委員会に対し協力をお願いした。

県警の意図は十分理解していただき、実際に教育の現場でどのように使うかということは、現物が完成してから検討していただくことになった。

新聞、テレビで取り上げられたことから、工藤會側が何らかの反応を示すことは予想していた。

間もなく、ある工藤會最高幹部が「やめてくれんですか」と言ってきた。工藤會組員の子供がいじめられたらどうするのか、ということだった。

工藤會最高幹部の中には小学生や中学生の子供がいる者もいた。他の組員にも同じ年頃の子供は大勢いる。

私は「工藤會組員の子供たちがいじめられるような内容ではない。親と子供は別。万が

一、組員の子供たちがいじめられたりすれば、私が学校に直接説明に行く」と告げた。それに対しては「わしらにも考えがあります」という返事だった。

六月下旬、北九州市教育委員会宛で配達証明の文書が送付された。差出人は『四代目工藤會総本部』の最高顧問と幹事長の連名となっていた。

表題は『憲法第一六条による請願申し入れ書』となっており、私たちが制作中の「暴力追放啓発ビデオ」に対し、懸念を表明し、意見を申し上げるというものだった。

具体的には、「福岡県警察が、啓発目的で、成人を対象としてビデオの上映を企画することは、県警の活動の一環であり、わたしどもは異議を唱える立場にない」、「しかし、教育委員会が主体となって上映企画することには重大な懸念と異議を唱えざるをえない」というものだった。

その理由として、「ヤクザの子供に対するイジメを誘発しかねない」とのことだった。

この『請願』の内容は七月十三日から十四日にかけての新聞各紙、スポーツ新聞等に掲載された。工藤會らしいやり方だが、各紙に『請願』と同じ内容の文書を送りつけたのだ。『許されざる者』は八月下旬に完成した。市教育委員会には完成前の段階で見てもらい、その意見に従って一部を修正するなどした。

幾つかの私立高校から声を掛けていただき、生徒たちに簡単な説明を行うとともに、完成したビデオを見てもらった。学校側でアンケートを取っていただいたが、こちらの意図は十分伝わっていると手応えを感じた。

市教育委員会も、市立中学校の校長会での上映、説明会などの機会を作ってくれた。だが、結局、生徒たちに見せるかどうかは、各学校の自主判断ということになった。

その後も、幾つかの私立学校の協力をいただいたが、公立学校での活用はないままだった。しかし、平成二十二年に福岡県暴力団排除条例が施行され、少年への暴力団の影響排除のために中高で新たに行われることになった「暴排教室」で『許されざる者』も活用された。

また、県内のレンタルビデオ店にも協力してもらい、無料レンタルを行った。現在は、福岡県暴力追放運動推進センターのホームページからご覧いただける。

福岡県警の暴排教室は、中学生、高校生を対象に、教員資格を持つ「暴排先生」が各学校に行って、暴力団の実態、被害防止等の授業を行っている。毎年約二十万人が受講している。

よく似た制度に、全国で行われている薬物乱用防止教室がある。大麻については、その危険性が国民全体に十分認識されていないこともあり、検挙者が増加しているが、一方で、劇的に改善されたのが、覚醒剤とシンナー等の乱用である。

福岡県は平成二十五年まで、連続十四年間、シンナー等を乱用して毒物及び劇物取締法違反で検挙補導される少年の数が全国一位だった。

シンナー等での検挙者数のピークは昭和五十七年で、全国で二万九千二百五十四人もの少年少女が検挙されている。

全国における少年の覚醒剤検挙者数のピークも昭和五十七年で、二千七百五十人だった。そして第二のピークが、平成九年の千五百九十六人だった。

平成十年、政府は、薬物、特に覚醒剤乱用の増加に対応するため「薬物乱用防止五か年戦略」を策定し、以後更新している。この五か年戦略の一環として、全国の中学校・高校で、年一回以上の「薬物乱用防止教室」を開催することとしている。

令和元年中、警察庁統計では、覚醒剤で検挙された少年少女は、九十七人と大幅に減少している。シンナー等での検挙者はわずか三人である。かつて全国ワースト1だった福岡県はゼロだった。二十年間続けてきた薬物乱用防止教室や薬物乱用防止対策の成果だと思う。

暴排教室を行っているのは、福岡県と兵庫県のみであり、山口組の本拠地である神戸市では未だ行われていない。

暴排教室は、決して即効性があるものではない。しかし、この暴排教室を続けて行くことで、福岡県民の暴力団に対する意識は少しずつ変わっていくのではないだろうか。それが、全国に広がることを祈りたい。

ドキュメンタリー『ヤクザと憲法』が描かなかったもの

暴力団の実態、もしくは生態といったほうがふさわしいだろうか、そこに踏み込もうとしたドキュメンタリーがある。

『ヤクザと憲法』は愛知県の東海テレビ放送が制作した、暴力団に関するドキュメンタリーである。平成二十七年三月、愛知、岐阜、三重の三県で放送され、その後、ドキュメンタリー映画として再編集され、翌年一月以降、全国で上映された。

制作した東海テレビのプロデューサー・阿武野勝彦氏は制作意図について、「ヤクザとはなんなのか？　いまどういう状況にあるのか？　ということをまず見せたかった」「さりげなく人権問題も入れ込んで。それで見てくれた人が、ヤクザも人間で、生きていかなきゃならないんだよなぁと思ってくれるかどうか」と語っている（平成二十七年十二月三十日、VICE）。

毎日新聞によると、映画版は全国で四万人が鑑賞し、東海テレビに寄せられた反響の「九割が肯定的な意見だった」（平成二十九年五月四日）そうだ。

『ヤクザと憲法』は、大きく分けて二つの取材対象を扱っている。

一つは、大阪の指定暴力団・二代目東組の二次組織・二代目清勇会に対する百日に及ぶ密着取材である。もう一つは、山口組顧問弁護士だった山之内幸夫弁護士に対するインタビュー等だ。

ここでは、「ヤクザも人間だ」という面を描いた清勇会に関する部分について述べたいと思う。

清勇会は、作品の中で「組員は全部で二十七人」と紹介されている。平成三十年末現在で、東組全体では組員約百三十人、準構成員等を合わせて約二百四十人といわれている。

東組の本部は大阪市西成区山王、清勇会は大阪府堺市に事務所を置いている。

主な活動範囲は大阪府内で、過去、我が国最大の暴力団・山口組や、大阪に拠点を置く指定暴力団・酒梅組と激しい抗争を繰り広げてきた。

二代目清勇会・川口和秀会長は、殺人事件等で長期間服役し、平成二十二年十二月、二十二年の懲役を終え、府中刑務所を出所している。

服役理由は、昭和六十年九月、東組と山口組との抗争で、山口組準構成員が店長をしていた兵庫県尼崎市内のラウンジ・キャッツアイを清勇会暴力団員が襲撃した事件だ。相手準構成員を拳銃で撃って重傷を与えた際に、店の女性従業員・堀江まやさん（当時19）が流れ弾を受け亡くなった。

堀江まやさんの母、堀江ひとみさんは、その後、川口組長を相手取り損害賠償請求訴訟を行った。平成七年、川口会長側が和解に応じた。ひとみさんは、その和解金等に基づき暴力団追放運動に取り組んでおられたが、平成二十四年四月に亡くなった。私は二度ほどひとみさんとお会いした。

川口会長は、実行犯らに犯行を指示したとして逮捕された。川口会長は無罪を訴えたが、最高裁で有罪が確定し服役した。出所後の現在も再審請求をしているようだ。

清勇会事務所は三階建てで、一階部分はピロティ形式の駐車場、外階段を上ると、閂《かんぬき》が付いた重々しい黒色金属ドアとなっている。二階が事務室で、奥に壁で仕切られた会長専用と思われる部屋がある。三階は和室で、事務所住み込みの部屋住み組員二人が寝泊まりしている。

部屋住みは、暴力団事務所や最高幹部自宅に寝泊まりし、電話当番や雑用に従事する。ほとんど休みもなく、シノギをする余裕はないが、生活費は組織が面倒を見てくれる。

清勇会の部屋住みは、刑務所を出所したという中年の組員と、十八歳の時に自らヤクザになりたいと東組本部にやってきたというM（当時21）の二人だ。なお、映像では全て実名または通称（渡世名ともいわれる）が示されている。

二十歳となったMは、八か月ほど前に清勇会への加入を認められた。すぐ加入させなかったのは、二十歳未満の者に対し指定暴力団への加入を勧誘すると暴力団対策法違反となるためだったと思う。

百日間の取材といっても、大部分は昼間、事務所内の様子だ。見ていて驚くような場面は二回しかない。一つはMが清勇会若頭から叱られるシーンである。カメラを締め出し、ドアを閉めた別室内で行われたので実際の様子は分からないが、若頭の怒鳴る声、殴るような音などが聞こえる。もう一つは、清勇会組員K（当時49）が保険金詐欺未遂容疑で大阪府警に逮捕され、府警が清勇会事務所の捜索を行うシーンである。

映画版では、Mの日常、Mの親代りを自任する清勇会舎弟O（当時65）とのやり取り、

Mへのインタビューが大きな柱になっている。『ヤクザと憲法』を見て気になったのが、このMだ。暴力団員に最も向かないタイプの人間だ。要領は悪いし、親代りの O から「滑舌が悪い」と言われるように、話しぶりもぼそぼそと不明瞭だ。

今の時代に好き好んでヤクザになろうとした動機の一つに学校でのいじめもあったようだ。ただ、愛読書らしい作家・宮崎学氏の文庫本を取り出して「あの……、ヤクザもいる明るい社会やと」「ヤクザを排除しようと、そういう権力側からすれば……」など、カメラの前で語るが、今ひとつ言いたいことがわからない。後述するが、このMについては後日談がある。

映画の最後近く、大阪府警による事務所捜索後、川口会長が事務所に駆けつけ、三階の部屋住み部屋でこう呟く。

「ヤクザ認めんていうことやろ。暴力団や言うて。本当に認めんのやったら、もう全部無くしたらええ。選挙権も皆無くしたらええ。剝奪したらええ。まともな仕事ができたらあかんて言うのや。正業も持つなって言うてんのや」

土方宏史監督が「だったらヤクザを辞めればいいって話が絶対出てくるんですけど」と

質問すると、川口会長は「うん、うん」とうなずいた後、「どこで受けてくれる？　受け入れてくれへん」と答える。

映画の最後、宮崎学氏の本の表紙がアップで映し出され、部屋住みMがそれを食い入るように読んでいる。

監督が「辞める気は無い？」と質問すると、Mは「ああ、ないですね。はい」と即答する。カメラは事務所を出て、事務所入口の金属扉を閉めるMを映す。夜の清勇会事務所の遠景に切り替わり、エンドロールが流れ、『ヤクザと憲法』は終わる。

ヤクザも人間で、生きていかなきゃならないんだという、制作者側の主張は多くの観客に伝わっただろう。その意味で、制作者と長期間の取材に応じた二代目清勇会・川口和秀会長の目的は十分達成されたと言える。

だが、果たして暴力団の実像に迫ることができたのだろうか。私が疑問に思った三点について述べたいと思う。

一つは、『ヤクザと憲法』の制作者が主な舞台に選んだ暴力団事務所についてである。

携帯電話が普及する以前は、暴力団の事務所はまさしく、彼らの連絡、活動の拠点だった。暴力団が面倒を見ている飲食店などからトラブルの電話が入ると、暴力団員が店まで飛んで行くということもあった。

今、そのようなことはまずない。事務所は暴力団の活動の表玄関に過ぎない。現在、暴力団にとってその事務所は、表玄関、他の暴力団組織に対する窓口であるほか、配下暴力団員に対する統制のためのシステムとなっている。

定期的に定例会等が開催され所属暴力団員が集められるが、会議での指示内容など大したものはない。それよりも、日頃は個々に活動している同じ組織の人間が、定期的に一つの場所に集まり、顔を突き合わせることに統制維持の意味があるのだ。

組ぐるみで資金獲得活動を行っている組織もあるにはあるが、基本的には個々の暴力団員が、所属する暴力団の威力を背景に行っている。

暴力団の主な資金源は覚醒剤等の違法薬物密売、風俗店や建設業者等からのみかじめ料、ヤミ金、最近ではニセ電話詐欺等、違法な行為により得られている。

福岡県警が平成三十年六月に検挙した事件では、工藤會極政組組員二名と道仁会幹部が、他の数名の男たちと共謀し、平成二十八年一月、富山県内居住の八十代の女性に対し、弁護士などのふりをして「罰金を払わないためにはキャッシュカードが必要だ」などと言ってキャッシュカード二枚を騙し取り、ATMから現金四百万円を引き出している。このグループは他にも同様の手口で高齢女性から多額の現金を奪っている。

また、平成二十八年五月に、東京や愛知、大阪、福岡など全国十七都府県のコンビニATMで偽造カードが使われ、約十八億六千万円が一斉に引き出される事件があった。この事件では、南アフリカの銀行から盗まれたクレジットカード情報に基づき作成された偽造カードが使用されている。その後、福岡県警、千葉県警、高知県警、佐賀県警、長崎県警の捜査により、工藤會、六代目山口組弘道会、神戸山口組、元関東連合メンバーなど多数の暴力団員を含む犯人らを検挙している。

暴力団にとっての公の場である組事務所で、特に違法な資金獲得活動を行う者はまずいない。

『ヤクザと憲法』でも、シノギに関すると思われるシーンは二か所しかない。

一つは、冒頭、清勇会事務所のテレビで高校野球が放送されているシーンである。事務所の机で、年配の暴力団員がテレビを見ながら、紙幣を数え封筒に入れ、同じような封筒の束をビニール袋に入れる。監督の質問に対し、「野球や、高校野球」と答える。恐らく、高校野球で出場校の勝敗を賭けた野球賭博の胴元をしていると思われる。

もう一つは事務所外でのこと、前出のK組員の行動だ。夜間の取材中、電話が掛かってくる。Ｋは「下でクラクション鳴らすわ。一つやね」と答え、車で出かけていく。「覚醒剤ですか？」との質問に対し、Ｋは「それは言えない」「想像に任せます」と答える。

このように組事務所を映していても、暴力団の実像に迫ったことにはならないのだ。

シノギの実態

指摘したいもう一つは、清勇会が所属する東組の資金獲得活動についてである。暴力団員も人間であるのは当然だ。しかし、生きていくためには何をしてもよい、ということにはならない。

東組の主な資金源は覚醒剤密売と言われている。

警察庁が公表している資料『平成30年における組織犯罪の情勢』によれば、平成三十年中、全国で四千六百四十五人の暴力団構成員等（暴力団員と暴力団準構成員等）が覚醒剤事件で検挙されている。

検挙人員が最も多いのは、最大組織である山口組の千二百三十九人、次いで住吉会八百六十二人、稲川会六百七十三人、神戸山口組六百三十二人、工藤會百八十七人、道仁会百四十五人、松葉会百三十三人と続く。

全国で指定暴力団は二十四団体ある。覚醒剤事犯の検挙人員が多い順では、東組は九位で八十四人である。

平成二十八年以降、東組は何れも九位だった。平成二十六年中は福岡県の工藤會百八十人、道仁会百五十人を上回る五位で、実に百八十二人が検挙されている。

平成二十六年からの五年間の合計では五百人に上る。東組の暴力団構成員等は平成三十年末で約二百四十人だから、その二倍を超えている。組員の多くが常習的に覚醒剤密売に関わっているということだ。この点について『ヤクザと憲法』では触れていない。

福岡県内にある主要暴力団の二次組織がある。その組長がどうやって生活費を得ているか紹介しよう。

この組では、会費名目で組員から徴収した金が、月七、八百万円ある。事務所の維持経費や組としての活動資金はここから支出される。そして、この中から、毎月三百万円を組長に渡している。組長は百六十万円を自分で取り、残り百四十万円を妻に生活費として渡している。

もちろん、この三百万円には所得税も何もかかりはしない。そして、この定期的な収入のほか、組長独自に色々な所からの収入があるはずだ。そこまでは残念ながら把握していない。

この組の組員の中には、金を稼ぐのが下手な者もいる。ある組員は、会費を支払うだけのために、知り合いの土木会社で働いて金を得ている。ある六十代の幹部は、組に内緒でトラック運転手のアルバイトをやって会費を支払っている。もちろん、多くの組員たちはみかじめ料や覚醒剤密売などで金を得ているはずだ。会費のために、連続強盗をしていた組員もいた。

組長には、組員がどのようにして会費を得ているかなど関係ない。自分の手を汚す必要もないのだ。

指摘したい最後のことは、部屋住みMのその後についてだ。

制作した阿武野プロデューサーは、インタビューに対し「この子はヤクザを続けていけるのかなと観ている誰もが思うでしょう。一般社会からのこぼれ方が以前より多様になってきています。こういう人たちがヤクザの世界に受け入れられて、身を寄せあって生活している。悪いことをしたら徹底して取り締まるべきだと思うんです。だけども、そうじゃない者まで、根絶やしにするようなやり方をしていると、あんまり住みよい社会にはならないかもしれないって感じますよね」と語っている。

東海テレビ放送が『ヤクザと憲法』をテレビで放映した翌月の平成二十七年四月二十三日深夜、一人の若い男が愛知県名古屋市内の中警察署に自首した。

容疑は強盗致傷だ。前々日午後十時過ぎ、名古屋市西区の路上で六十歳の男性会社員にカッターナイフを突きつけ「金を出せ」と脅して鞄を奪い、その際、男性の手に軽傷を負わせたという容疑だった。

男はMだった。Mは、この他にも前日と同日の夜、名古屋市内の路上やコンビニで、女性二人にカッターナイフを突きつけ「金を出せ」と脅したが、いずれも失敗している。

『ヤクザと憲法』の最後に、辞める気はないかと質問され「ああ、ないですね」と答えたMがなぜ、大阪の組から遠く離れた名古屋市内で強盗を繰り返し、そして自首したのだろうか。

昔と違って今は、自らの意志で暴力団員になろうとする者は大幅に減っている。『ヤクザと憲法』を観ても年配の組員ばかりだ。頼りないところがあっても、自らの意志でヤクザになろうとしたから、清勇会は若いMを部屋住みとして一度は受け入れたのだろう。

実害は軽微でも、持凶器の連続強盗を行っているので、恐らくMは実刑になっていると思う。

結局、彼はヤクザの世界に受け入れられなかった。先述の六代目山口組・篠田組長は「落ちこぼれ、世間になじめない人間もいる。われわれの組織はそういう人のよりどころになっている」と語っているが、Mは拠り所になるはずのヤクザの世界からも弾き出されたのだ。

Mが逮捕されたことは当然、名古屋の報道機関である制作者側にはいち早く伝わっているはずだ。まさに映画版編集の最中ではないだろうか。しかし、翌年一月に公開された映画版でMのその後についての説明はない。

ジギリ事件や凶悪事件を起こして警察に逮捕され、十年、二十年という長期懲役を勤め上げたり、時には死刑、無期となる暴力団員もいる。彼らも暴力団組織の犠牲者だ。特に、罪も無い市民を襲撃するときには、彼らにも悩みや惑いがあるはずだ。

平成十五年に小倉で発生した倶楽部ぼおるど襲撃事件の実行犯はKという工藤會組員だった。Kの事件直前の行動について、記者の皆さんには何度も話してきた。しかし、今まで記事になったことはないし、これからも無いだろう。ここに書いておきたいと思う。

Kは、手榴弾を女性従業員たちの中に投げ込んだ。その少し前、クラブ入口の防犯カメラには、店内に入り、すぐに出てくるKの姿が映っていた。Kは店の前の道路をぐるっと一周すると再び店内に入った。直後、手榴弾が爆発した。飛び出してきたKを店員が追いかけた。Kはクラブ店員や通行人に取り押さえられ、その際の圧迫により死亡した。三十三歳だった。

Kはなぜ、一度、店の外に出て来たのだろうか。本当のところはわからない。ただ、私はこう思っている。

上部から手榴弾を投げ込むよう命じられたKは、命令どおり店内に入った。そこには二十人ほどの女性従業員たちの姿があった。Kは「やりたくない」、そう思ったのではないだろうか。しかし、暴力団組織の一員であるKは、命令に背くことは許されない。道路に出て、実行を決意したKは再び店内に戻った。結果は十二人の女性が重軽傷を負った。不完全爆発で無ければ、死者も出たはずだ。

市民や事業者への卑劣な襲撃事件、抗争事件、それらを実際に行うのは暴力団トップではなく、配下の幹部や暴力団員だ。検挙されれば重刑を覚悟しなければならない。

暴力団の任侠は内向きだ。親分のために死ぬ覚悟の子分はいるだろう。しかし、子分のために、まして市民のために、命を投げ出す覚悟のある親分がどれほどいるだろうか。

“クスリ”を仕切る暴力団

暴力団勢力が減っていることは述べた。では、社会にとって暴力団の脅威はなくなったのだろうか？

それは否である。暴力団壊滅はいまだ道半ばで、その脅威も根深く残ったままだと言わざるをえない。

その脅威とは何か？

それは暴力団の大きな資金源となっている違法薬物だ。前項で東組について触れたが、覚醒剤密売には暴力団が組織的に関わっている。

令和元年十一月十六日、女優の沢尻エリカが自宅で合成麻薬ＭＤＭＡを所持していたとして、警視庁組織犯罪対策第五課に麻薬取締法違反の疑いで逮捕された。そして、令和二年二月十三日には、歌手の槇原敬之が覚醒剤と危険ドラッグの所持容疑で逮捕された。

ＭＤＭＡや大麻は「ゲートウェイ・ドラッグ」と呼ばれている。ゲートウェイは入口のことで、覚醒剤など、より危険な違法薬物の入口になるというのだ。このＭＤＭＡは錠剤であることから密輸しやすく、暴力団以外の、いわゆる素人が密輸入に手を出していることとが多い。

しかし、覚醒剤に関しては、暴力団が関わっていないことはまずない。

工藤會の本拠地・北九州地区では、覚醒剤はもちろん、危険ドラッグ、シンナー密売にも、ほぼ一〇〇％工藤會が組織的に関与していた。これらの密売を巡るトラブルから何件もの殺人事件が発生している。

覚醒剤の検挙者は年々減少傾向にあったが、最近は横ばい状態が続いている。警察庁の統計によると、令和元年中の覚せい剤取締法違反事件検挙人員は八千二百八十三人と昭和五十一年以降では最低だったが、その四三％の三千五百九十三人が暴力団関係者であった。

危機的なのは密輸押収量の激増だ。

平成二十八年は、過去最多の平成十一年に次ぐ、千四百二十八キログラムである。この量は警察統計だけであり、税関や海上保安庁、厚生労働省麻薬取締部の分を加えると、当時史上最大の約一・五トンの密輸覚醒剤が押収されている。

令和元年はそれを超えて過去最大量となった。

六月、警視庁などが洋上取引後に伊豆の海岸に接岸した船から一件当たりとしては過去最大の約一トンを押収し、中国籍の男七人が逮捕された。全国の押収量は二・五トンを超えて過去最悪の状況となっている。これらはあくまでも検挙に至った事例だ。多くの密輸は税関や取締当局の目をかいくぐっていることだろう。

国内の末端価格は低下しているものの、いまだ世界で最も覚醒剤の末端価格が高いのは日本である。大量の覚醒剤が、高く売れる日本を目指してやってくるのだ。

こういった大量密輸事件では、直接密輸に関与した乗組員、受け入れ役の外国人、または日本人は逮捕されても、その背後にいる日本側の受け入れ先についてはほとんど摘発に至っていない。それは暴力団以外考えられない。

私が関わった工藤會では、関東の暴力団から仕入れることがほとんどだったが、直接国外から密輸することもあった。

U組は小倉北区、小倉南区、戸畑区を中心に覚醒剤の密売を行うことで知られている。平成二十三年六月、カンボジアから国際宅配便で輸入された大量のズボン、Tシャツの入った段ボールを税関が開披検査したところ、ズボンのポケット裏地にポリ袋入り覚醒剤百九十二袋、合計約九百五十三グラムが発見された。

税関と福岡県警が連携してコントロール・デリバリー（泳がせ）捜査を行い、小倉北区のアパートで受取人であるU組組員二名を逮捕した。二人は「覚醒剤とは知らなかった。

名前を言えないある人から、荷物の受け取りを依頼されただけだ」と否認したが、一人に懲役八年、もう一人は懲役七年、両名に罰金三百万円が科された。

密売については準構成員が行うことが多く、工藤會系列のT組準構成員はこのU組から入手した覚醒剤の売り上げだけで年間千五百万円を得ていたという。いざというときに面倒を見てもらうため、T組幹部の舎弟となり、毎月二十万円を上納していた。準構成員は逮捕されても、関わった暴力団員のことは一切話さない。

近年深刻化しているのが大麻の問題だ。大麻の検挙者は、令和元年に統計上史上最多の四千三百二十一人となった。しかも、十代、二十代といった若い検挙者が大幅に増加している。二十代が千九百五十人、二十歳未満は過去最高の六百九人と、十代、二十代で全体の約五九%を占めている。

最近ではカナダが、平成三十年十月に十八歳（州によっては十九歳）未満の未成年者を除き、大麻の使用、少量の所持を合法化した。ただ、カナダでも、未成年者への大麻の販売や譲渡は禁止され、最大十四年の禁固刑が科せられるようだ。

カナダのトルドー首相は、記者会見で「犯罪組織が大麻取引で年間六十億カナダドル（約五千億円）もの利益を得ているという推計もある」と述べ、犯罪組織から「子供たちを守る」ことを嗜好用大麻解禁の理由の一つとした。

日本を除く、世界の主要国では麻薬の乱用が大きな社会問題となっている。カナダは大麻を禁止していたが、取締りや規制が追いつかないことによる苦渋の決断だったのだろう。しかし、成人が自由に大麻を所持、使用できる社会で、未成年者への大麻の浸透に歯止めがかかるとは思えない。合法化によって犯罪組織の活動が収まることもないだろう。

大麻については危険性が少ないという誤解があり、芸能人などもよく捕まっている。だが実際は違う。平成二十八年、大阪大学医学部（神経科学）の木村文隆准教授のグループが大麻の危険性を明らかにした。大麻や危険ドラッグの有効成分であるカンナビノイドを摂取すると、脳の神経回路の正常な発達を妨げるおそれが高いのだ。木村准教授は、特に神経回路が形成される若い時期には「大麻に絶対手を出すべきではない」と語っている。

覚醒剤事件で多くの暴力団員が検挙されている大阪の指定暴力団・東組の幹部らが、平成二十八年十一月、奈良県警に大麻取締法違反で検挙された。この事件では、時価三十億円以上に及ぶ大麻草一万一千本、乾燥大麻二・六キログラムが押収されている。

令和元年十一月には、表向きは「麻薬撲滅運動」を推進している六代目山口組傘下の四代目誠友会幹部らが、ビニールハウスで大麻を栽培していたとして、北海道警に逮捕され、乾燥大麻約三十キログラム（時価一億一千万円）が押収されている。

油断すれば、アメリカやイギリス、フランス、ドイツ、イタリア、そしてカナダがそうであるように、国民の麻薬乱用に歯止めがかからなくなってしまう恐れは十分ある。

末端乱用者の多くは、精神的な不安などの個人的な問題を抱えており、単に処罰して終わりではなく、薬物依存症への治療がより重要だろう。

一方で、それにつけこむ暴力団を許すことはできない。

特に、大量の覚醒剤を国内に密輸し、それを密売するためには、多額の資金と組織力が必要だ。それが可能なのは、全国に根を張った暴力団であり、彼らもこの利権を決して手放すことはないだろう。

二　市民が暴力団に狙われたら？

一人で悩まず、まず相談

私が最初に暴力団関係の相談に関わった昭和六十年代から平成の初め頃に比べ、暴力団が直接威力を示して、市民や事業者から金を得ようとする例や、いわゆる民事介入暴力は確実に減っている。

ただ一方で、一部の建設業者や風俗店、飲食店などからは、依然としてみかじめ料を徴収していると思われる。新規に開業した場合に、そこを縄張りとしている暴力団員がみかじめ料を要求してくることもまだあるだろう。

暴力団員やその関係者、準暴力団（半グレ）、エセ右翼、エセ同和、総会屋などの反社会的勢力への対応要領について、経験上言えることは次の一言に尽きる。

それは「一人で悩まず、まず相談」ということだ。二つ理由がある。

一つは、彼らは脅しのプロだからである。プロとアマチュアの違いはどこにあるのだろうか。それは「プロは無理しない」ということだ。無理すれば逮捕され、下手すると懲役が待っている。

二つ目は、早ければ早いほど問題も早く解決し、被害者側の損害や負担も少なくてすむからである。

最近でも時々、クレーマーが、コンビニや飲食店店員などに暴言を吐いたり、土下座を強要したりして逮捕されている。彼等は自分たちの行為が犯罪だということすら理解していないようだ。暴力団員は違う。彼らは常に気をつけている。

暴力団員等は、警察に逮捕されたり、懲役に行くことを恐れている。暴力団員だというだけで、警察に狙われているのだ。だから逆に「警察に言いたければいくらでも言え。警察は二十四時間守っちゃくれんぞ」、「俺が捕まっても、ほかの者が黙っとらんぞ」などと、被害者が警察に通報しないよう脅すのだ。

暴力団員が、組織のために事件を起こした場合、弁護士費用とか生活費等を組織が面倒見てくれることもある。しかし、自らのシノギのために事件を起こした場合は全て自前になる。一度捕まると弁護士代も馬鹿にならない。拘束中はシノギもできない。保釈金も必要となるかも知れない。

多くの場合、暴力団員側に「警察に相談しました」というだけで、相手の違法・不当な要求は止まる。

しかし、事件化するとお礼参りが怖いという場合もあるだろう。事件化を望まなくても、相手が指定暴力団員やその親交者など、中止命令を出せる対象の場合は、中止命令を出してもらうと良いだろう。中止命令は行政処分だから、刑事事件として立件する場合とは異なり、事実関係の裏付けが取れれば、簡単な事情聴取書等を作成するだけで中止命令を行うことができる。

第一部二で述べたように、暴力団対策法が施行されてから令和元年末までに、不当要求等に対し合計約五万八百件の中止命令が行われている。また、みかじめ料の要求のように、暴力団側が同じような不当要求を繰り返すおそれがある場合には、一年を超えない範囲内で再発防止命令を行うことができる。同年末までに約千九百件の再発防止命令が行われている。これらの命令に違反したのは約二百三十件、〇・四四％にすぎない。

お礼参りはあるのか？

よく「お礼参りなんてありません」と安請け合いする者もいる。実際には、ごく稀だがお礼参りがあることもある。なぜなら、彼らは暴力団だからだ。時に暴力に訴えるから暴力団の威力が維持されるのだ。

ただ、中止命令・再発防止命令違反がわずか〇・四四％だったように、彼らは常に自らの安全を第一に行動している。むやみにお礼参りを心配する必要はない。

今まで個人的に関わってきた数千件の相談の中で、お礼参りがあるかもしれないと思ったのが二十数件あった。うち十数件で実際にお礼参りが発生した。

第一部二でも述べたが、次の三つの場合には注意が必要だ。

一つ目はトップの面子に絡む場合、二つ目は多額の資金が絡んでいる場合、三つ目は被害者側が悪い場合である。

トップの面子に絡む場合としては、第一部で紹介したゴルフ場関連の襲撃事件がまさにそうだった。

山口組でもゴルフ場関連で次のような事例がある。

昭和五十九年十一月、神戸市北区のゴルフ場で、五代目山口組・渡邉芳則組長（当時は四代目若頭）が知人らとプレーしている時に、渡邉組長が先行グループに二度もボールを打ち込んでしまった。

怒った先行グループの男性（当時46）が、渡邉組長に「危ないやないか」と注意したところ、後続グループにいた組幹部らが、男性を袋叩きにして重傷を負わせた。この事件では渡邉組長も執行猶予付きの懲役が確定している。

他の利用者や従業員などもいるゴルフ場、それも昼日中に、このような犯行に及んだのは、渡邉組長や組幹部らが、渡邉組長の面子を潰されたと考えたからだろう。

飲食店の場合はどうか。暴力団幹部クラスは金払いが良く、チップも弾む。彼らにしてみれば、儲けさせてやっているということになる。

初めて行った店で、「当店は暴力団関係の方はお断りしております」と言われた場合、暴力団側は「こんなつまらん店、頼まれても使ってやるか」で済ますことができる。

しかし、それまで何度も使用し、暴力団側にすれば、儲けさせてやった店から「今後、一切出入りはお断りします」と言われた場合、暴力団側の反応は全く異なってくる。第三者の目もあるからだ。どこどこ組の誰々幹部は、来店拒否されて尻尾を巻いたと思われるだけでも、彼らの面子を大いに傷つけることになる。

二つ目の多額の資金が絡む場合、これは、北九州地区で工藤會により繰り返されてきた襲撃事件の大半がこれに該当する。北九州地区の建設、港湾関係の利権が絡んでいる。

平成二十三年十一月二十六日、建設会社会長（当時72）が小倉北区の自宅前で、工藤會

幹部らにより、拳銃で射殺されるという事件が発生した。平成二十九年一月十九日、福岡県警は工藤會幹部ら十二人を逮捕した。これも、建設工事から暴力団の影響を排除しようとした会長を狙った組織的な事件である。

以前は工藤會の要求に従わざるを得なかった人たちが、勇気を持って工藤會にノーを突きつけた。それを認めてしまえば、大事な資金源を失ってしまうことになる。だからこそ、このように執拗な襲撃が繰り返されてきたのだ。

三つ目は、被害者側が悪い場合だ。暴力団が絡む事件では、被害者も悪いということがたまにある。例えば、それまで散々、暴力団を利用し、自らも違法・不当な利益を得ていた者が裏切った場合などである。裏切りを簡単に見逃せば、これも暴力団の面子、存亡に関わることになる。このような場合もお礼参りの可能性が高いのだ。

お礼参り事件が発生した場合、事件報道を通じ、広く知られることになる。暴力団側もそれを望んでいる。彼らの威力を誇示することになるからだ。一方で、被害者を完全に守り切った場合は、事件の発生もなく、当然ながら知られることもない。

福岡県警の工藤會対策では、証人保護プログラムもない状況下で、暴力団側から命すら狙われていた捜査協力者等多数を守り切ってきた。

命が狙われている場合でも、保護対象者の出と入りを守り切れば、まず大丈夫だ。過去の襲撃事件の大部分が、自宅付近や会社付近、そして駐車場付近で発生している。そこを利用する時間、その付近を警察官に警戒してもらうだけで、ほぼ安全だ。

例外的に自宅室内まで侵入してきた例もある。それに対しては、ドアは確実に施錠する、ドアや窓に複数の鍵を付けるといった泥棒対策がそのまま役立つ。

なお、オートロックのマンションでも、マンション内に入ること自体は簡単だから注意した方がいい。具体的方法は書かないが、私自身、何度もマンションに居住する暴力団関係者の部屋確認をその方法で行った。しかし、自室に入ってしまい、完全にロックすれば、まず心配はない。

現在、福岡県では、特に危険が予想される場合は、保護対策室による二十四時間態勢での保護対策が行われている。

最悪の場合をお話ししてきたが、先ほどの事例のようなことは、普通の市民生活をしている人の場合はないと考えてよい。

個々のトラブルや事件の場合、もし、お礼参りを行えば、誰が関係しているかすぐわかる。警察はその関係暴力団員を徹底的に取り締まる。彼らは常に損得を計算している。捕まるとわかっていて無理することはない。

これまでに、私が大丈夫だと思った事案で、お礼参りがあったことはない。

また、お礼参りが予想されるような例では、暴力団との関係をそのまま続けた場合、彼らの言いなりになれば、一時的には「安全」が約束されるかもしれない。しかし、間もなく、彼らは要求をエスカレートさせていく。いつかその関係は破綻する。

そして、その時は遅かれ早かれ、必ず脅迫や暴力が待ち構えている。

彼らの土俵で戦ってはならない。一人で悩まず、少しでも早く相談すること、早ければ早いほど結構だ。そして相談するのに遅すぎるということはない。

どこに相談したら良いのか

警察の場合、暴力団関係は各警察署の暴力犯係が担当している。暴力追放ダイヤルなどの相談窓口を作っている警察本部も多いようだ。とりあえずは、「相談」という形で、警察署の相談担当課（係）などに話しても良いだろう。以前のように、「民事不介入」を盾にいい加減な対応をすることはないと思う。

自分の方にも落ち度がある場合、あるいは暴力団との交際が続いてきた場合、警察に相談するには勇気がいる。また、対応がかなり改善されたとはいえ、やはり警察の敷居は高いと感じられるかもしれない。その時は、是非、暴追センターにご相談いただきたい。全国都道府県に必ず一つ暴追センターが置かれている。

福岡県暴追センターでは、月二回、福岡県弁護士会民暴対策委員会の弁護士による無料相談を行っている。暴力団や反社会的勢力に関する相談なら、無料で専門の弁護士さんのアドバイスを受けることができる。

なお、暴追センターの相談担当者は、暴力団対策法の「相談委員」にあたり、法律上、罰則付で秘密を守る義務が課せられている。暴追センターに相談しても、相談者の同意がない限り、暴追センターが警察に相談内容を通報するということは許されない。

暴力団員との契約を排除、解約したい、そのため相手が暴力団員かどうか確認したい、という場合もあるだろう。暴追センターでは、過去、警察が事件検挙し、報道発表した暴力団関係者のデータベースを運用している。まずは暴追センターに相談し、相手が暴力団関係者や悪質なクレーマーの場合には、事件化や中止命令等を求めて警察に相談すると良いだろう。

暴力団対応三か条

各都道府県の暴追センターのホームページや広報誌では、暴力団との対応要領を解説している。

福岡県暴追センターも「暴力団等との対応要領一〇ヶ条」として、具体的対応要領を解説している。また、警察や暴追センターに相談すれば、事案に応じた具体的な対応要領についての指導も受けられる。

私からは「暴力団等との対応要領一〇ヶ条」のうち、特に大事な三点について触れておきたい。

一つは、「**トップに対応させない**」ということだ。暴力団員やクレーマーは「社長を出せ」「責任者を出せ」と言ってくる場合が多いものだ。ここで社長などのトップ等を出すと、そういう相手に不慣れなトップの人間が、相手に威圧され、その場で即答してしまうことがある。

企業側等に落ち度があれば、誠実な対応をするのは当然のことだ。しかし初期段階では、まず事実関係を確認することが何より大切だ。事実関係もはっきりしないうちに、即答する必要はない。また、誰が対応するかは、あくまでも皆さんが決めることだ。トップがいきなり対応する必要はない。

ただし、それはトップは部下任せでいい、ということではない。最終的に決断するのはトップだ。過去の事例を見ていると、重大な問題に発展しかねない事案で、トップに必要な情報が上がらず、現場サイドで対応した結果、大きな問題になった例が多い。

また、暴力団や反社会的勢力、クレーマー等には、何よりも組織的に対応することが大事だ。担当者を孤立させてはならない。

二つ目は、「**言動に注意し、その場で即答しない**」ということだ。最近、問題となっている悪質なクレーマーもそうだが、彼らはため口で、横柄な態度や威圧的な言動をすることがある。そして、彼らは考える余裕を与えないように、即答を求めてくる。

あなたが、トップでなくても、相手の要求を一旦認めてしまうと、それを後々撤回するのに苦労することになる。

「はい」とか「わかりました」「検討します」程度の言葉でも、相手は自己に有利に解釈する。「『はい』っていうのは『イエス』ということだ。俺の要求を『はい』とみとめたじゃないか」とか「『わかりました』というのは、俺の言いぶんを『承知しました』ということじゃないか」などと、強弁されてしまう。

相手の質問、追及に答えるときは、ゆっくり考え、即答はしないようにしよう。「イエスかノーか」と二者択一を迫ってくることもある。「現段階ではお答えできません」で十分だ。相手と議論する必要はない。

三つ目は、「**対応内容を記録・録音する**」ということだ。大手企業では、相談窓口などの電話でも「品質向上のため録音させていただいています」など、双方の通話を録音していることを明確にしているところも増えてきた。

皆さんが、相手との通話を録音する場合、あくまでも皆さんは会話の当事者だから、「通信の秘密」の問題は生じない。相手に断る必要もない。相手に見えないように録音してもかまわない。

むしろ、相手もＩＣレコーダーなどで録音していると思った方が良いだろう。相手側だけが録音していると、相手の都合の良いように、会話内容がつまみ食いされることになる。こちらも録音していれば、そのような心配もない。脅迫、恐喝になるような場合、録音した音声は明白な証拠となる。

小型で高性能のＩＣレコーダー等が出ているので、それを利用しよう。電話機や携帯電話でも録音できるマイクも市販されている。また、録音していると、冷静に対応でき、自分の言動に注意することができるというメリットもある。

三　令和の暴力団との戦い

トップが社会不在でも組織は成り立つ

暴力団組織が簡単には壊滅しないのには理由がある。

「ヤクザ」という言葉は博徒から来ている。

旧来の博徒組織では「貸元《かしもと》」「代貸《だいがし》」という役職がある。「貸元」は個々の賭場の責任者、「代貸」はその代理人で、実質的には、その賭場の責任者にあたる。そして、もし警察の手入れがあったときは、警察の追及を自分で止めるのが代貸の任務である。かわりに、代貸が逮捕された場合、組織がその面倒を見てやることが暗黙の了解となっている。

暴力団は、常にある程度の構成員が社会不在となることを前提としているのだ。

例えば、平成三十年中、全国で約三千四百人の暴力団員が何らかの犯罪で検挙されている。警察が把握している同年末の暴力団員数は約一万五千六百人だから、全体の約二二%が検挙されたことになる。

実際には、複数回検挙された者もいるので、検挙者の実数はこれよりも少なくなる。また、検挙されても罰金や起訴猶予になったり、実刑となっても通常の犯罪なら数年で出所してくる。

とは言え、暴力団員の相当数が常に社会不在となっているのは間違いない。また、暴力団社会では、トップの不在は必ずしも例外ではない。

六代目山口組では、六代目・篠田建市組長がボディガードの拳銃所持の共犯として平成十七年十二月から五年四か月服役している。ナンバー2の髙山清司若頭も、恐喝により懲役六年が確定し、平成二十六年六月二十四日に収監され、五年後の令和元年十月十八日まで服役した。

福岡県でも道仁会・小林哲治会長は、恐喝等で懲役四年の実刑判決を受け、平成二十二年二月まで服役した。

工藤會の総裁、会長以下トップ3は、平成二十六年九月以降、幾つもの事件で逮捕、起訴され、引き続き勾留中だ。

これら団体は、壊滅したり、あるいは弱体化しただろうか。確かに、工藤會は弱体化していると言えるだろうが、まだまだ壊滅にはほど遠い状況である。

昭和三十九年以降の第一次頂上作戦当時、多くの暴力団が「解散」した。しかし、その後、団体の名称を変えたり政治団体を仮装するなどして活動を再開している。

それは、博徒の伝統を受け継ぐ現在の暴力団が、博徒同様、末端暴力団員だけではなく、時にトップが拘束され社会不在となることを前提とした集団だからである。

暴力団員を検挙するだけでは、暴力団は壊滅できない。そして、検挙についても同じ手は通用しない。

暴力団は常に学んでいる。

福岡県警では、平成十八年、クレジットカード詐欺で工藤會幹部ら多数を検挙した。無職なのに会社経営等と虚偽の事実に基づいてクレジットカード契約を行い、カード一枚を騙し取ったという容疑である。早速、工藤會では配下組員に同じ轍を踏まぬよう指示を徹底したことがわかっている。

また、六代目山口組は、改正組織犯罪処罰法が成立した直後の平成二十九年七月一日号の会報『山口組新報』で早速「テロ等準備罪〜あえて共謀罪を考える〜」と題し、テロ等準備罪が彼らにどんな影響を与えるのか特集している（平成二十九年七月十二日、朝日新聞）。山口組新報の現物は見ていないが、朝日新聞はこう伝えている。

朝日新聞が入手した文書は四ページ。「はじめに」で、「法律の実績作りのためにヤクザが集中的に対象とされる」と訴え、「共謀罪とヤクザ」の項で改正法の狙いについて、「トップを含め、根こそぎ摘発、有罪にしようというもの」と説明している。その後、法律の内容や「想定される適用例」を新聞記事を引用しながら解説。銃刀法違反容疑で組員が逮捕された例を挙げ、「警察に殺人目的とでっち上げられ、他の組員、幹部、さらには親分クラスが共謀罪に問われるケースも起こりえる」とした。また、共謀罪は犯行が行われる以前に摘発するものだとして、「その証拠を集めるために盗聴法（通信傍受法）が活用されるようになるだろう」との見通しを示している。

「まとめ」の項では、普段から電話の盗聴に注意し、組員が逮捕された場合、「共謀などの冤罪（えんざい）に巻き込まれないよう、弁護士ノートを差し入れ、取り調べでのやり取りを細かくメモすることが肝要」と締めくくっている。

「共謀罪」の適用については、法務省も警察庁も慎重であり、山口組新報の記事は心配のし過ぎだ。以前、工藤會も、福岡県警が組員の携帯電話を通信傍受しているから、気をつけるよう何度も指示していた。ちなみに、私が、実際に工藤會関係の通信傍受に関与したのは、たった一回だけである。

組織的襲撃事件はなぜ捕まらないのか

平成二十四年一月、法務省の「新時代の刑事司法制度特別部会」委員の皆さんが、北九州市、小倉北警察署等に視察に来た。委員には、自身も冤罪の犠牲となった厚生労働省（当時）の村木厚子さんや、痴漢冤罪をテーマにした映画『それでもボクはやってない』の監督・周防正行さんがいた。この時、私は工藤會対策を担当する者としてお話しさせていただいた。

当時の工藤會対策の現状を説明した後、視察目的の一つである取調べの録音録画について、私は基本的には賛成だと伝えた。何人かの委員が意外だ、という顔をされたのを覚えている。取り調べる側にとって、録音録画は枷《かせ》になるという考えが主流だったからだ。私はただ一つだけ、お願いした。それは暴力団員への取調べについてはご配慮いただきたいということだ。

というのは、被疑者である暴力団員自らが希望したときは、録音録画を中止するか、少なくとも暴力団組織側にその内容が伝わらないようにしていただきたい、ということである。

　取調官の努力で、ある程度の被疑者は、自ら不利となることであっても、あるいは暴力団組織を裏切ることになっても、犯行を認めている。時に上部の関与を認める場合もある。現在の捜査では、取調べの場には脅しも騙しも取引もない。だから録音録画されても何の問題もない。ただ、組織的な事件の場合、暴力団側は、逮捕された組員に対し、暴力団側と関係の深い特定の弁護士を弁護人として付ける。そして、捕まっている暴力団員が何を話しているか、どの程度話しているのかを常にチェックしている。組織に不利なこと、特に主要幹部を裏切るような供述をすると、被疑者の命に関わることもあるのだ。

　なぜ発砲事件は指揮・命令者が捕まらないのか、ということもお話しした。理由として三つあげた。

　一つは、「ジギリ」事件と呼ばれる事件だ。これは、暴力団員個人の事件ではなく、組織のために行う事件をいう。抗争中であれば、相手を襲撃するとか、相手幹部等を殺害するといったところだ。工藤會などでは、組織の意に沿わない事業者襲撃事件も該当する。「ジギリ」には恐らく漢字があるのだろうが、暴力団側も漢字で書くことができない。彼らも警察も片仮名で「ジギリ」と呼んでいる。

ジギリの場合は、まず組織が弁護士を付けてくれ、高額な差し入れはもちろん、服役中も本人への差し入れ、家族の生活費が支給される。また、出所後は組長クラスなど上位への昇進、高額の報奨金が待っている。億単位の金を貰ったという話もある。私が確認できたのでは最高約六千万円だった。一方、取調べで上部の関与を認めてしまうと、差し入れはストップ、場合によっては命すら狙われるのだ。

二つ目は、暴力団特有の親分子分関係に基づく暴力的内部統制である。襲撃等の指示は縦ラインで下されるため、同じ組内でも実行犯以外は知らされない。その縦ラインは暴力的内部統制が徹底されている。

三つ目は、実行犯と被害者との結びつきが全くないということだ。

殺人事件は九〇％以上の高い検挙率をほぼ維持してきた。一つは親族や顔見知りによる犯行が大半だからだ。殺人事件の九割弱は被害者と被疑者の間に面識がある。

ところが、平成十五年の倶楽部ぼおるど襲撃事件や、最近の元警部や漁協関係者の親族に対する殺人未遂事件のような事件では、暴力団員の実行犯と被害者には何の繋がりもない。実行犯は上から命じられてやるだけだ。

更には、これらの事件は組織的、計画的犯行だから、現場に証拠を残さない。普通の犯罪は、偶発的犯行が多く、意外と現場には証拠が残されている。

ただ多くの場合、ジギリ事件には、暴力団員の親交者が関与することが多いのだ。例えば、犯行使用車両を運転させたり、犯行や逃走用の自動車、バイクを盗ませるなどである。このため、平成十六年の工藤會による連続発砲事件のように、暴力団親交者からの情報収集に力を入れている。

もし、親交者等から情報が得られても、それを証拠化しなければならない。話はしても参考人供述調書にするのは嫌がる関係者が多いが、そこは誠意ある説得しかない。

調書は、可能な限り検察官調書を作成する。検察官調書は、参考人が公判での証言を拒否したり、異なった供述をした場合、あるいは本人が死亡するなど供述不能の場合、証拠とすることが出来るからだ。

そして、大事なことは、その供述についてできる限りの裏付けを行うことだ。例えば、事件前にコンビニに立ち寄ったとか、誰々に電話したとか、犯行に使用したバイクはどこの海に沈めたとかについて、一つ一つ裏付けを行い、状況証拠を積み重ねていくのだ。

関係者の協力や状況証拠の収集がうまくいった事件では、大体、実行犯までは自供する。

否認を続ければ、情状面で不利だからだ。しかし、本来の元凶である上部の関与を認めることは稀だ。それが博徒以来の暴力団の伝統である。

司法制度特別部会委員の皆さんに、「与えられた武器で戦うのが現場の務め。しかし竹槍でB29とは戦えない。暴力団捜査については、せめて欧米並みの武器を与えてください」とお願いした。その「武器」については後述する。

被疑者の中には、真に反省し、上位幹部からの指示命令があったことを認める者も時にいる。この場合、公判では一定の配慮が加えられることが多い。

ある襲撃事件では、素直に供述し、組長らの指示があったことを明らかにした実行犯は求刑、懲役ともに五年、指示した組長は懲役十年だった。しかし、それはあくまでも裁判官の判断だ。捜査段階で「求刑を短くしてやる」などとは絶対に言えない。それを言ってしまうと、供述の任意性・真実性が失われてしまうからだ。

被疑者の一部が、自らの行為を反省し、捜査に協力しても、それに応える武器が捜査側には与えられていなかったのだ。

イタリアはマフィアとどう戦ってきたか

世界を見渡すと、多くの国々が犯罪組織やテロ組織に対抗するため、市民の権利とバランスを取りながら、新たな捜査手法を捜査機関に与えてきた。

その代表例として、マフィアと戦ってきたイタリアの取り組みを見てみたいと思う。

よく「○○系マフィア」と、犯罪組織を呼ぶが、本来のマフィアは、イタリア南部シチリア島の犯罪組織を指す。現在も壊滅には至っていない。イタリアには、このほか南部を中心に、カモッラ、ンドランゲタ、サクラ・コローナ・ウニータと呼ばれる犯罪組織が現在も存在している。

マフィアは我が国のヤクザのように、「名誉ある男」として過去、ある程度は社会に受け入れられていた。そして、現在もイタリア社会に深く食い込んでいる。第二次世界大戦後はマフィアの一部が世界的なコカイン密売に手を広げ、日本の暴力団のように、様々な分野からの「みかじめ料」徴収などを行うようになった。

イタリアでは、一九五六年以降、予防処分と呼ばれる行政措置でマフィア等の行動を制限していた。一九六五年には対マフィア法が成立し、財産の差押、没収や関係者の企業活動の制限等を行えるようになった。

マフィアは世代交代に伴う凄惨な抗争を繰り広げた後、コルレオーネ一家（一派）と呼ばれる集団がシチリアマフィアを掌握した。その後、マフィアは市民のほか、取締りにあたる警察官、検察官や、政治家まで次々と暗殺するようになった。

一連の凶行はイタリア国民の怒りを爆発させた。

以後、イタリア政府は最高検察庁と内務省にマフィア対策専門部局を置いて取締りを続けるとともに、マフィア対策のための法制度を強化していった。

現在、イタリアのマフィア対策で効果を挙げている制度に次の四つがある。日本の現状と比較しながら説明する。

① 改悛者制度

平成二十八年の改正により、日本で刑事訴訟法に取り入れられた協議・合意制度もこれを参考としたようだ。元々はテロ対策で設けられた制度だが、一九九一年三月、マフィア等の犯罪組織にも拡大された。

マフィアメンバーなど組織犯罪を行った者が、共犯者から離脱し、被害の発生防止に努めたり、捜査当局の証拠収集に「協力」した場合、減刑されるというものだ。イタリアは死刑がないので、無期が十二年以上二十年以下に、有期刑は三分の一から二分の一に減刑される。

改悛者は、次に説明する「証人保護プログラム」を受けることが出来る。刑の服役も、刑務所とは別の場所での服役や、日中は社会で過ごし、夜間だけ拘禁されるといった措置もある。

改悛者は、「協力」を行うことを決定した日から百八十日以内に、知っていること全てを供述し、簡易陳述書にする必要がある。また、自己と近親者の財産を開示しなければならない。同種の制度は、アメリカ、ドイツ、オーストラリア等にもあるそうだ。

なお、今回の日本の改正刑事訴訟法では、刑が確定された者に対し、その者が協力した場合の規定はない。既に刑が確定し、服役している暴力団員の中にも、内々には他の事件や上位者の関与を認めている者もいる。しかし、彼らが現段階で捜査に協力することはあり得ない。なぜなら、自分の刑期を増やすだけだからだ。

イタリアの制度は、全く刑に問われないのではなく、刑が減刑されるというものだ。

個人的には、イタリア型制度は、我が国では受け入れ易いのではないかと思う。

更には、無期や長期服役中の暴力団員であっても、真実の協力が得られた場合、減刑できるようになれば、彼らの協力を得やすくなるだろう。

② 証人保護プログラム

イタリアやアメリカ等に存在し、我が国にないのが、この法的な証人保護プログラムだ。改悛者や証人など、司法当局に協力して、証言等を行い、重大かつ現存する危険に晒されている者及びその家族が対象となる。警察等の保護措置のほか、氏名など身分の改変、居住地の変更、一定の経済支援を受けることができる。

協力者は時に命を狙われると述べたが、工藤會対策で何度もそのようなことがあった。ある襲撃事件に関与した工藤會組員Aの事例である。Aの供述により、事件に加わった工藤會傘下組織B組若頭以下の組員数名を逮捕し、全て有罪となった。

Aは最初から素直に犯行を認め、組織的関与についても正直に供述したことから、懲役三年と比較的軽い刑が言い渡された。私が、捜査第四課管理官当時に彼が出所してくることになった。この時点ではB組内やその関係者にも有力な協力者を確保しており、B組が裏切り者であるAが出所してきたら、その命を狙っていることが判明した。

Aの出所直前に、取調べを担当した捜査員を刑務所に派遣し、Aと面会させた。北九州に帰りたいというAを説得し、出所時には、刑務所を管轄する地元県警の協力も得て、刑務所近くの空港から関西方面に逃がした。このときは、捜査費を使い、Aの旅費、アパートの敷金、携帯電話の契約まで行った。百万円近くの費用が必要だったが、本部会計課が襲撃事件捜査の一環として捜査費の使用を認めてくれたからできたのだ。

捜査の一環として、証人・協力者保護を行っているのが、暴力団捜査の現状だ。そこにはできることの限界がある。

平成二十九年、「国際組織犯罪防止条約」に注目が集まった。というよりも、「テロ等準備罪」か「共謀罪」かといった議論がほとんどだった。

同条約にはこのほか、証人及びその親族等の保護、被害者の保護等の規定がある。日本以外の百八十七か国が既にこの条約を締結していた。

是非、証人保護プログラムについても、議論を進めていただきたい。

③　通信傍受

マフィアに対しては、検察官の許可だけで、通信傍受を行うことが認められている。

また、予防的（行政的）通信傍受というのも認められている。これは、マフィア調査の必要がある場合、関係者の通信を傍受するもので、訴訟の証拠とはならないが、広く行われているようだ。これにより、犯罪の計画段階で、予防措置が可能となる。

イタリア、ローマ地方検察庁は、独自の通信傍受施設を持っており、同時に二千回線の通話を傍受できる。法務省の「新時代の刑事司法制度特別部会」委員の皆さんがイタリアを現地視察した平成二十四年九月二十四日には、千八百三十二回線を傍受していた。

日本における通信傍受には様々な制約がある。通信傍受の令状請求は、あらかじめ指定された検察官、警視以上の警察官が地方裁判所の裁判官に対し行う。そして、捜索差押許可状や通常逮捕状よりも高い容疑性が要求される。

平成二十八年二月十九日、朝日新聞は「通信傍受、一万四〇〇〇回　昨年、過去二番目の多さ」と報じていた。

記事には「通信傍受法に基づき、警察が昨年（注：平成二十七年）一年間に計一万四五二八回の通話を傍受（盗聴）したと法務省が一九日、発表した。計一〇一人の容疑者の逮捕につながったという」とあった。

おそらく、大多数の人は、一万四千台の電話が傍受されたと思ったのではないだろうか。

あくまでも、「一万四五二八回」は「通話回数」の合計だ。朝日の記事でも「四二件の令状」と書かれていたが、対象となった電話はのべ四十二台にすぎない。

暴力団員や薬物犯罪者は通話回数が非常に多いのが特徴だ。最も回数が多いのは、妻や恋人との通話だ。次に多いのは、自分の直近の幹部や配下、親交者との通話である。通話の内容まではわからないが、ほとんどは他愛もない話が多いと思う。一か月で二千回、三千回はざらだ。一万四千五百二十八回を四十二台で平均すると、普通の市民よりは多いだろうが、一台あたりわずか三百四十六回だ。

そして、一万四千五百二十八回の通話の最初から最後までを傍受したわけではない。通信傍受では、「スポット傍受」という方法で、冒頭の短時間、傍受を行い、捜査対象の通話ではない場合は、そこで一旦傍受自体を中断しなければならない。会話が長引けば、時々、スポット傍受を行うが、事件への関連が認められない通話を最初から最後まで捜査側が傍受、録音することはない。

実際には傍受対象の会話が途中で行われても、最初に他愛もない挨拶や雑談をし、その後に重要な会話があったような場合、傍受できないことが多いのだ。

また、傍受の間、東京などの通信事業者側施設に少なくとも二、三十名程度の捜査幹部と捜査員を派遣する必要がある。電話会社側職員の立ち会いを必要とするが、深夜などに立会人を確保するのは極めて困難だ。

通信傍受法の改正により、通信傍受実施手続きの合理化・効率化が認められたが、引き続き、裁判官の令状に基づき、しかも通常の逮捕状、捜索差押許可状等よりも厳しい条件下で行われる。

④ マフィア財産の没収

マフィアに対しては、その財産について、マフィア側がその入手先を立証する義務がある。正当な所得と立証できなければ、その財産は没収される。日本では当局側が入手先を立証しなくてはならない。少し古いデータだが、イタリアでは二〇〇八年から二〇一一年の間に、約二百十億ユーロ（約二兆五千二百億円）のマフィア財産を保全し、約五十五億ユーロ（約六千六百億円）を没収している。

我が国でも、暴力団等に関しては、以前から警察側から国税側へ税務調査を促す「課税通報」が行われている。あくまで通報にすぎない。通報しても、多くの場合、関係者に税金を支払うだけの資産すらない、あるいは資産の隠匿場所がわからないというのが実情だ。

暴力団は法人格など持たない任意団体だ。つまり、当局への税務申告などないから、収入、資産の把握には高いハードルがある。

先の頂上作戦で、福岡県警は工藤會総裁を脱税で検挙している。おそらく、事件着手段階から、検察、国税当局と緊密な連携を図り、しかも、捜査側の努力で、具体的な収入、支出、資産の状況を解明でき、複数の関係者の供述を得ることができたからこそ、検挙できたのだろう。金庫番の幹部の手帳を押収できたのが大きいとも言われている。

だが暴力団幹部で、収支状況を小まめに記録している者はまれだ。国税当局が「収入」と特定できなければ、毎年何億、何十億円の収入があっても課税することはできない。

山口組六代目・篠田建市組長は十億円、高山清司若頭は十五億円の保釈金を即金で用意し保釈となった。その金はどこから得たのだろうか。もちろん二人にそれを説明する義務はない。

我が国でも、例えば指定暴力団代表者だけでも、イタリアのようにできれば、確実に打撃を与えることができるだろう。

現状、我が国には欧米並みの武器が存在しない。従来の捜査手法のままで、暴力団が簡単に消滅するとは思えない。

日本版「司法取引」は機能するか

平成二十八年五月の刑事訴訟法等の一部改正で、ようやく、組織的詐欺や薬物犯罪、銃器犯罪等の特定犯罪に限定して、「協議・合意制度」と呼ばれる制度が取り入れられた。

これは、被疑者・被告人が特定犯罪に係る他人の刑事事件について、真実の供述をすること、証人尋問で真実の証言を行うことの見返りとして、検察官が起訴しなかったり、起訴を取り消したり、特定の求刑を行うことを検察官と被疑者・被告人が「合意」する制度だ。起訴が取り消されれば、当然、裁判も打ち切られる。日本版「司法取引」といえばわかりやすいかもしれない。

この合意のために必要な「協議」には、検察官と被疑者・被告人に加え弁護人が参加することを原則としている。暴力団事件では、暴力団側が特定の弁護士を弁護人として、身柄拘束中の暴力団員につけることが多い。そのため、犯行を認めたり、暴力団からの離脱を決意した暴力団員は、それらの弁護士を解任し、本人や家族が依頼した弁護士に切り替えたり、国選の弁護士を弁護人とする。「協議」には、そのような真に被疑者・被告人の利益を代表する弁護人が加わることとなるだろう。

この「協議・合意制度」の対象となる特定犯罪には、暴力団が関係することが多い組織的殺人等は含まれていない。しかし、銃刀法違反や覚せい剤取締法違反は対象となっている。これらの犯罪で制度の運用を重ねて、ゆくゆくは対象を組織的殺人にまで拡大していただきたいと思う。

今回の刑訴法改正に際して、一部の人は冤罪を生むと主張している。自分の罪を軽くするために、無実の人間を巻き込むものが出てくるという。しかし、アメリカとは司法の実態が大きく異なっている。

日本の司法は可能な限り真実に近づこうとする「実体的真実」主義と言われている。それに対し、アメリカでは手続きさえ正しければ、実体にはこだわらないようだ。アメリカでは、一般的な刑事訴訟手続きの九〇％以上が公判までの司法取引で処理されている（在日米国大使館『米国司法制度の概説』二〇一二年七月）。

裁判所のチェックすら受けない、それら事件の中には、長期間の拘束や、より大きな不利益を避けるため、してもいない事件を認めたりする例もあるのではないだろうか。

一方で、アメリカでは公判で正しいことを答えないと証言拒絶罪に、嘘をつくと偽証罪に問われる。日本では、宣誓した証人が虚偽の陳述を行えば偽証罪となるが、被疑者、被告人がいくら嘘をついても責任は問われない。「協議・合意制度」以前から、そしてこれからも、虚偽の犯罪を申告したり、人を陥れようと虚偽の供述を行う者は必ずいる。「被害者」も時に嘘をつく。さらに言えば、善意の目撃者や参考人でも、勘違い等から事実と異なる供述をすることはざらだ。してもいない犯罪で自首してくる者もいる。捜査では、注意を怠ると冤罪を生む可能性が常に存在している。「冤罪があるかもしれない」という視点は大切だ。

しかし、「冤罪」の可能性のみ強調する人は、「冤罪」で捕まるかもしれない被疑者・被告人の人権には注目しても、心から反省し、真実を供述しようとする被疑者・被告人の人権、そして被害者の人権に対する配慮はあまりないようだ。

「協議・合意制度」では、「真実」という点が強調されている。単に捜査側に有利な供述をしたから、その者に便宜を図るという制度ではない。そして、捜査側は、完全には無理でも、より真実に近づく努力が必要だ。有利な供述が得られても、それに満足することなく、客観的証拠を積み重ねていく努力を怠ってはならない。

私が刑事になりたてのころ、先輩刑事から、こう言われた。「黒と思わなければ被疑者は自供しない。しかし、自供を得たら、白と思って、もう一度調べ直せ」。また、「明らかに嘘を言っていても、一々その場で追及するな。まずは、嘘でも本当でも全部話させろ。

嘘なら嘘、本当なら本当のことを言っているかが見えてくる」。

私は、自慢できるほどの取調べの経験はないが、先輩の教えを守り、被疑者をやかましく追及したことはない。まずは被疑者の話を聞いてみる。

その中で、実は被害者のほうが嘘をついていて、被疑者が本当のことを言っていたこともあった。窃盗の被疑者で、やってもいない余罪を認めた者もいた。

それは車上狙いの被疑者だった。被疑者が捕まった付近で、類似手口の犯行があったので、何気なく、「これもあんただろう」とぶつけてしまったのだ。すると、いとも簡単に「はい」と答えた。別の事件について質問しても「はい、これもやりました」とのことだった。

あまりに簡単に認めるので、私も警戒し、「それなら具体的にどうやったか教えてくれんね」と頼んだ。結局、その「余罪」を彼はやっていなかった。

後で理由を聞いたら、私が親切だったから、とのことだった。彼にしてみれば、余罪が一件、二件増えたところで、そう懲役には響かないだろうと考えたようだ。この場合、まず相手に具体的なことを先に言わせるべきだったのだ。

また、協議・合意を行う時期も問題となるだろう。

警察官が行う捜査の基本事項を定めた「犯罪捜査規範」（国家公安委員会規則）第百六十八条では、次のように取調べにおける任意性の確保が求められている。

（任意性の確保）
第百六十八条　取調べを行うに当たつては、強制、拷問、脅迫その他供述の任意性について疑念をいだかれるような方法を用いてはならない。
2　取調べを行うに当たつては、自己が期待し、又は希望する供述を相手方に示唆する等の方法により、みだりに供述を誘導し、供述の代償として利益を供与すべきことを約束し、その他供述の真実性を失わせるおそれのある方法を用いてはならない。

同条第二項では「供述の代償」として「利益を供与すべきことを約束」することなどが禁止されている。

取調べの場で安易に「検察官に起訴しないよう頼んでやる」とか「求刑を軽くしてもらう」などと言ってしまうと、供述の任意性が失われてしまうこともあるだろう。

また、「協議・合意制度」はあくまでも検察官の権限である。警察が検察官に送致・送付した事件や現に捜査中の事件については、事前に検察官と警察との間で協議しなければならない。犯罪捜査規範では、この協議等を行う場合は、事前に警察本部長の指揮を受けなければならない旨、規定している。

あくまでも個人的な考えだが、例えば検察官がその事件について起訴を決定した後、公判での求刑までの間に「協議・合意制度」を活用したらどうだろうか。協議・合意制度では起訴の取り消しも可能だからだ。

正攻法の取調べ、裏付け捜査を行い、その結果に基づき、検察官に起訴・不起訴を判断してもらう。その後に、「協議・合意制度」を活用するならば、供述の真実性を失わせることにはならないのではないだろうか。

テロ等準備罪が防ぐ暴力団犯罪

組織犯罪処罰法が改正され、平成二十九年七月十一日付で施行された。これにより、実に十七年間にわたって棚上げされていた国際組織犯罪防止条約（United Nations Convention against Transnational Organized Crime）が締結された。

この改正について、日本弁護士連合会をはじめとする多くの団体が反対し、メディアも反対論が目立った。

異例だが、私は賛成を表明し、地元メディアでも、わずかだが取り上げていただいた。

問題になっているのは、これによって整備されたテロ等準備罪についてだ。

テロ等準備罪はこれまで共謀罪と呼ばれていた。確かに、テロや組織犯罪に対する共謀罪に違いない。今回の法改正に対する反対意見は、共謀罪そのものに対する反対意見が大勢を占めていた。司法側が拡大解釈し、市民運動など、罪のない人たちを取り締まるというのだ。

武器を持たせることイコールそれを乱用するというのは、あまりに安直な結び付けだ。日本の制服警察官は、アメリカと同様、常に拳銃を携帯している。しかしその使用については実態が大きく異なっている。アメリカでは躊躇《ちゅうちょ》なく拳銃を撃つように警察官は訓練されている。一方、日本では警察官が訓練以外で拳銃を撃つことはまずない。刃物を持って向かってくる犯人に対しても、拳銃を奪おうとする犯人に対しても、できるだけ警棒等で対応しようとする。

共謀罪についても同様だ。実はストライキを禁じる国家公務員法や、軽犯罪法でも「共謀罪」はすでに存在している。しかし、それによって検挙されたという話は聞いたことがない。組合活動などに乱用しようと思えばできたはずだ。しかし、警察はそのような馬鹿ばかしいことはしていない。

時には人も組織も誤ることはあるし、失敗して暴走することもあり得る。だが今の時代において、裁判所もメディアも、そして国民も、決して警察の暴走を許さないだろう。雪崩《なだれ》を打つように無謀な戦争に走った昭和の時代とは異なる。「テロ等準備罪」反対論者は現在の国民が愚か者、お人好しだと思っているのだろうか。彼らが主張するように、日本の警察が暴走することはないと確信している。

一方でテロ等準備罪の整備が暴力団犯罪にどう活用できるかを説明したい。

今回の法改正により、準備段階で自首すれば、必ず刑を減軽・免除できるようになった。第一部のF組による連続発砲事件で紹介したように、実行犯のほか、逃走用車両の準備や現場の下見などに他の暴力団員や準構成員が使われることがある。

例えば、幹部から車を用意するように言われたAが車を盗もうとする。恐らく彼は、何か大きな事件に使われるのだろうとは思うだろう。車を盗むため下見（準備行為）をした後、「やばい、俺も巻き込まれる」と思っても、今までなら警察は何一つできなかった。まだ窃盗事件の着手もないから、自首もできない。せいぜい、知り合いの刑事でもいれば情報提供ができる程度だろう。しかし、警察の動きを察知した暴力団側がAを疑うかもしれないし、一時的に犯行を見合わせ、別の時期に事件を起こす場合もあり得る。

Aが車を盗んだ後なら、「自首」もできるが、だからといって必ずAの罪を軽くするということはできない。あくまでも裁判官が量刑については判断するからだ。

今回、窃盗事件もテロ等準備罪に含まれている。準備行為があれば、Aが自首してくれば検挙できるだけではなく、Aは必ず刑を減軽又は免除されることになる。

実際にはテロ等準備罪を立証するには、数々のハードルがそびえている。

警察庁、法務省も指示しているように、適正かつ慎重に、そして効果的に、新たな武器を暴力団等犯罪集団に活用していくことを願っている。

四　ヤクザと刑事

銃撃を受けた市民の言葉

数年前、暴追運動が原因で、自宅に銃弾を撃ち込まれた市民のお話を聞く機会があった。事件後、一か月ほど経過していた。被害現場の確認のため、そのお宅の前を通った。捜査用車両に乗った所轄警察署員が二名、二十四時間態勢で警戒を続けていた。

私が通りかかったとき、たまたま、被害者の奥さんが出てこられた。一瞬びくっとされたが、すぐ警察官だとわかったようだった。

「このごろ、ようやく夜、眠れるようになりました。先週までは、道路で音がすると、びっくりして目が覚めてたんですよ」

奥さんはそうおっしゃった。

仕事上、発砲事件や襲撃事件の被害者の方と、直接お話しする機会も多くあった。意外に、皆さん落ち着いて見える。しかし、実際には事件によるショックのために、一時的に恐怖感が麻痺していたのだと思う。

二十年ほど前に、ご主人を工藤會組員に殺された女性がいる。ご主人には何の非もなかった。この女性には、現在も県警が保護対策を行っている。工藤會がお礼参りを行うことはまず考えられない。しかし、この女性も夜、足音を聞くと目が覚めるそうだ。

工藤會が特別凶暴なのだという人もいるが、どの暴力団も結局は暴力を行使するから暴力団なのだ。その暴力は往々にして関係のない市民を巻き込むものとなる。

平成十五年一月、群馬県前橋市で、稲川会元幹部を射殺しようとした住吉会幹部らが、スナック店内で拳銃を乱射し、稲川会元幹部に重傷を負わせる事件があった。この時、住吉会側は元幹部の護衛役一人のほか、たまたま店内にいた男女の客三人を巻き添えで殺害した。

平成二十二年九月三日、名古屋市で、みかじめ料要求を断っていたキャバクラに、山口組弘道会傘下組長らが、ガソリンを振りまいて放火し、店内にいた男性従業員（当時27）にやけどを負わせて殺害した。店内にいた女性従業員二人も負傷している。

田村正博・元福岡県警本部長は暴力団の威力について、「集積的な威力」という表現を使っている。愛知であれ、群馬であれ、福岡であれ、どこかの暴力団が凶暴な事件を引き起こすことによって、他の暴力団も自らの威力を高めることになる。これからもその威力を巧妙に利用しながら活動を続けていくだろう。

「いいヤクザ」などいない

暴力団幹部の中には、地震など大災害の時に、救援物資を送ったりする者もいる。

三代目山口組・田岡一雄組長は、昭和三十九年六月の新潟地震の際に、「トラック二台に食糧や衣料を満載して被災地へ救援に向かわせたが、『山口組の人気とりか』と新聞は冷やかに書きたてた」と不満を述べている（『田岡一雄自伝・第三部』徳間書店）。翌七月の山陰地方の豪雨に際しても、救援物資を送っている。

阪神・淡路大震災に際しては、五代目山口組も炊き出し等を行っている。先日、兵庫県に行ったとき、ある兵庫県民の方から「阪神・淡路の恩を忘れるな」と山口組の活動を高く評価している県民もいることを聞かされた。

また、稲川会の初代高田一家の高田燿山という元総長が、東日本大震災時のことを書いていた。この時、稲川会北関東ブロックの七つの一家で、三十万円ずつ出し合い、二百十万円を使い、トラックも用意して、週に一回、三か月にわたって救援物資を送り続けたそうだ（高田燿山『ヤクザとシノギ』双葉社）。

私は、そのような行為を単なる売名行為とは思わない。お金に色はついていない。そして、おそらく彼らの行為は善意から来ているのだろう。高田元総長は、「30万円ずつ出し合って」と書いていたが、もちろん、毎週三十万円のことだろう。まさか、一家の総額が三十万円ということはないだろう。

一方で、高田元総長は、バハマのカジノで自分が五百万円、稲川会本部長が六千万円負けた話、自分が賭けゴルフで一億円負けたことを書いていた。

東日本大震災でも、熊本地震でも、九州や東北、そして関東を襲った台風や大水害でも、多くの市民、事業者が寄附したり、現場でボランティアで働いている。そのことを自ら明らかにする人もいれば、密かに支援を行う人もいる。ただ、一時の行為をもって、暴力団を「任俠団体」と言われても納得できないだけだ。

山口組とハロウィーン

暴力団にとって、市民の人気を得ることは存続するために重要なことだ。

平成三十年十月三十一日ハロウィーンの日、神戸市灘区の六代目山口組総本部に親子連れや仮装した子供たちが訪れた。総本部敷地内にはテントが張られ、カボチャの被りものを着けた組員が子供たちと一緒に写真に納まり、幹部らが子供たちにお菓子の詰め合わせを配った。

六代目山口組では、神戸山口組が分裂した平成二十七年以外、毎年行っているようだ。令和元年は神戸山口組との抗争事件のため中止となったが、平成二十九年は約八百人の親子連れや子供たちが訪れたという。

平成二十九年のハロウィーン前、兵庫県警から子供を参加させないよう指導を求められた神戸市教育委員会はこう対応したそうだ。

「『組員の子どもが差別される』などとして『知らない大人から物をもらわないように』と文言を和らげて伝えていたことが分かった。同市内の学校では同様の理由で暴力団排除教室も開かれていない。県外には子ども向け暴排教育を盛り込んだ条例も定められており、学校現場での暴排と人権擁護の両立が課題となりそうだ」（平成二十九年十二月十三日、神戸新聞）

翌年も兵庫県警では神戸市教育委員会に同様の申し入れを行ったが、教育委員会は前年と同様の対応をしたようだ。

神戸新聞の記事にある「県外」とは福岡県のことで、同記事では福岡県の暴排教室にも触れている。現在、暴排教室を行っているのは福岡県と兵庫県だけである。

しかし、兵庫県の暴追センターである暴力団追放兵庫県民センターでは、平成二十八年から中高生向けの暴排教室に取り組んでいるが、六代目山口組の本拠地である神戸市については、「市内の学校は一度も受け入れていない」（同記事）とのことだ。

『許されざる者』が問題となった十数年前を思い出した。

「組員の子どもが差別される」恐れがあったら、何もしてはならないのだろうか。

通常警察では、暴力団員を逮捕した場合、他に共犯者がいるケースなどを除き、報道機関にも公表している。福岡県警では、県警ホームページに暴力団員検挙速報のコーナーがあり、氏名も公表している。検挙、報道された彼らの中には、当然、中学生や高校生の子供がいる者もいるだろう。「組員の子どもが差別される」のなら、それらの報道もいけないのだろうか。また、教育委員会はそのようないじめの実例をどの程度把握しているのだろうか。

「組員の子どもが差別される」ことは確かに許されないことだ。『許されざる者』でも敢えて主人公の台詞《せりふ》に「子供は親を選べんけのう」という一言を入れた。親が暴力団員であれ、犯罪者であれ、非情な人間であれ、子供は親を選べない。親が組員だから、親が犯罪者だからといって子供が差別されたり、いじめを受けて良いわけはないのだ。

私が知っている限りで、暴力団員の子供がいじめに遭った例が一件だけある。

ただしそれは、暴力団排除条例も暴排教室もなかった平成十年代の出来事である。県内暴力団の幹部や組員がある事業者襲撃事件で逮捕され、その名前が報道された。組員の一人に小学校に通う長男がいた。珍しい姓だったせいか、間もなく同級生らから「○○とは付き合うな」といじめに遭うようになった。しばらくして母親はその子を置いて蒸発し、父親は刑務所内で病死した。その子は親族に預けられたが非行に走った。何度も補導され、そして逮捕もされた。しかし、福岡県警少年課少年サポートセンターの女性職員らのサポートもあり、成人した彼は結婚もし、真面目に働いている。

平成三十年十月のハロウィーンでは、山口組からお菓子を貰った子供や母親に、産経新聞や神戸新聞がインタビューを行っている。

小六の男の子は「実際に会ってみたら笑顔で優しかった」「先生から『知らない人に物をもらってはいけない』と教わるけど、この日は毎年楽しみにしている」と語っている（平成三十年十月三十一日、産経新聞）。また、子供を連れてきた女性は「子どもがお菓子をもらうのは自由でしょう」と答えている（平成三十年十一月一日、神戸新聞）。

この男の子や女性を非難しようとは思わない。二人は暴力団の真の姿を知らないだけだろう。

前述のように山口組は、阪神・淡路大震災の時には、住民に対して炊き出しを行っている。また年末には、餅つき大会を行って付近の住民に餅やお年玉を配っている。

私は、それら暴力団の行為自体を一概に否定しようとは思わない。特に災害時の炊き出しや救援物資の提供は彼らの善意によるものだろう。

ただ、彼らはそれらの資金をどこから得ているのか。

暴力団の存在が許せないのは、彼らがきれい事を言いながらも、実際は犯罪集団だからだ。暴力団の威力を利用し、時には組織的に詐欺、窃盗すら行って資金を得ているからだ。

山口組からお菓子を貰った母親は、近所のスーパーからお菓子を万引きした犯人から「これ万引きしてきたけど、子供にやるよ」と言われて、受け取るだろうか。

小六の男の子は、笑顔の優しいおじさんたちが、怒ると恐ろしい人たちだと知っているだろうか。このおじさんたちが、どのようにしてお金を得ているか考えたことはあるだろうか。

「組員の子どもが差別される」から暴排教室も神戸市内では行われていないという。子供たちが、悪いことをしたり、逆に被害に遭ったりしないよう教えること、そして親が何者であれ、子供と親は別であると教えるのが、教育の役目ではないだろうか。

暴力団の実態を知らないまま育った子供たちは、これからも山口組の優しいおじさんたちからお菓子を貰い、お年玉を貰い続けるのだろう。そして、彼らの一部は優しいおじさんたちの仲間になっていくかもしれない。

暴力団、すなわちヤクザ組織の多くは、博徒、的屋組織の流れを引いている。博徒、的屋共に客商売、人気商売だ。賭博の客や購入客があってこその組織なのだ。

六代目山口組がハロウィーンでイメージアップを図るのは、私たちが彼らを反社会的存在と認識するか、あるいは優しいおじさんと認識するかの違いが、彼らの存続に大きく影響するからにほかならない。

元暴力団員への就労支援

暴力団は究極のブラック企業だ。暴力団員の多くは社会にとっては加害者であると同時に、彼らも暴力団組織の犠牲者である。

『ヤクザと憲法』でヤクザを辞めればいいのでは、と言われた組長が語っていた「どこで受けてくれる？　受け入れてくれへん」という言葉は一面の真実ではある。元暴力団員が正業に就くことに高いハードルがあるのは事実だ。

福岡県警では、以前から、真面目に働きたいという暴力団員に対し、暴力団からの離脱・就労の支援を行ってきた。また、私が暴追センターに勤務することとなった平成二十八年四月からは、福岡県からの補助金に基づき、離脱者雇用給付金制度がスタートした。

この制度は、元暴力団員の受け入れを表明した協賛企業が、元暴力団員を雇った場合、最長一年間、暴追センターから総額七十二万円の雇用給付金を、その協賛企業にお支払いするものだ。また、雇った元暴力団員が、協賛企業に損害を与えた場合、最大二百万円を限度に、その損害に対する見舞金を支給することになっている。

県内で就職すると、暴力団組織からの報復等が予想される場合は、他の都府県警察、暴追センターと連携し、県外での就職の支援も行っている。

雇用給付金は全額企業側で使って良いのだが、協賛企業の中には就職させた元暴力団員に必要な免許を取得させる費用に使っている企業もある。業種としては、建設、運送が多く、介護職についた元暴力団員もいる。

途中で辞めたり、中には再び犯罪に走った者も若干いたが、真面目に働き続ける者が年々増加している。

平成三十年中は、警察の支援により全国で六百四十人が暴力団を離脱した。うち百七人が福岡県だ。

暴力犯刑事

ここまで、取り締まられる側の暴力団について述べてきた。最後に、取り締まる側の話も少しさせてもらいたい。

警察官は任官すると、いくつかの部署を経て、段々と専門分野が決まってくるものだ。私の場合、最初は盗犯刑事希望で、暴力団捜査を担当したいという気持ちは全くなかった。しかし、三十四歳、警部補の時に初めて捜査第四課に配属されると、ときに監察や鑑識を挟みながら、自らも強く希望して暴力犯刑事という道を歩いてきた。

暴力犯刑事に必要な資質は、まず刑事である前に一人の警察官として、市民の安全・安心を守るという素朴な正義感、使命感だろう。そして悪である暴力団に対する対決姿勢が考えられる。しかし完璧な人間などいないため、暴力犯刑事にも様々なタイプがある。

私が刑事になった当時、私が知る限りの暴力犯刑事の中には、暴力団に対する対決姿勢が感じられない者も散見された。福岡県警や他の都道府県警察でも、勾留中で接見禁止処分が行われている暴力団幹部に、妻らを勝手に会わせるなど違法な便宜供与を行う者などもいた。

私が警部補の頃まで、福岡県警では、暴力団幹部が堂々と警察署の暴力犯係の部屋にやってきて、暴力犯刑事と談笑する姿も見受けられた。私が暴力犯刑事を全く希望しなかったのは、暴力犯係の刑事たちのそうした姿に、強い違和感を感じていたことも理由の一つだった。

だが、捜査第四課の一員となり、強い正義感を持つ同僚と働くなかで、その考えは変わっていった。

私が傍らで見てきた暴力犯刑事の中でも忘れがたい個性の人たちを少し紹介したい。

福岡県警の暴力犯刑事について話すなら、昭和六十一年から六十二年にかけての道仁会対山口組の抗争の際に現場指揮官だった古賀利治警視に触れないわけにはいかない。

古賀警視は、平成三年春から暴力団対策担当課長である捜査第四課長を務めた。私が警部補で、捜査四課時代の二代目課長だった。

古賀課長は、ドーベルマン刑事とも呼ばれ、暴力団対策で辣腕《らつわん》をふるわれたが、南警察署長当時の平成六年十二月二十八日、南警察署署長公舎で自ら命を絶った。

ここでは、最近見つけた朝日新聞と産経新聞の記事を紹介したいと思う。

まず、朝日新聞の村山治記者の記事「警察・検察vs工藤会」(平成二十八年五月十八日、『法と経済のジャーナル』)からである。


当時、福岡県警で暴力団捜査を取り仕切ったのは、古賀利治捜査四課長だった。アグレッシブな捜査姿勢は、獰猛な軍用犬にたとえられ「ドーベルマン刑事」の異名をとった。

「暴力団にも冬の時代が来たと思い知らせる。債権取り立てなどで暴力団を利用する者も、共犯とみて逮捕することもある」と公言し、微罪でも逮捕し、暴力団事務所で見つけたインスタントラーメンや米などまで「抗争資材」として押収した。刑法以外の法律も適用して徹底的に組員を摘発する手法は「福岡方式」として全国の警察から高い評価を得た。

一方で、手続きより結果を重視するスタイルには当時でも、賛否両論があった。福岡地検時代に古賀氏と交流のあった元検事は「摘発件数は増えたが、無罪も増えた。

どうして、乱暴な捜査をするのか古賀さんに尋ねたら、『九州のやくざは、退職警官を襲う。だから現役時代に徹底的に痛めつけて、そういう気が起きないようにするのだ』と話していた」という。

（中略）古賀氏は福岡県警南署長時代の九四年一二月二八日、署長官舎のトイレで首つり自殺した。同署員が覚せい剤事件に絡んで事件関係者の家宅捜索令状請求に白紙調書を使っていた疑いが強まり、県警が虚偽公文書作成、同行使などの疑いで捜査していた。古賀氏は「監督者として責任を感じた」という内容の遺書を残していた。

アグレッシブ（aggressive）とは、「攻撃的な」とか「積極的な」といった意味だ。ここでは前者の意味だろう。「白紙調書」事件については、調書が作成されたのは、古賀課長が署長に着任する以前のことだったと記憶している。

「九州のやくざは、退職警官を襲う……」というのは、昭和六十三年三月に発生した工藤會幹部等による元捜査第四課警部宅への放火事件のことだ。元警部宅と隣接する別の会社員宅が全焼した。その後、工藤會幹部らを検挙し有罪となった。

また、同じ月に、この幹部等は福岡県警の捜査を攪乱《かくらん》するため、福岡市内の中国総領事館に対して発砲事件を起こしていた。

その後も、平成十四年八月に、工藤會幹部が、北九州市小倉北区内の警察宿舎に駐車中の車両に爆薬を仕掛けるという事件もあった。

そして、平成二十四年四月には、工藤會捜査に長年従事した元警部が工藤會幹部等に拳銃で撃たれ重傷を負う殺人未遂事件が発生し、五代目工藤會・野村悟総裁以下が検挙、起訴されている。


次は、産経新聞の「【ニッポンの分岐点】暴力団（3）暴対法」（平成二十六年九月十三日）の記事からである。


暴対法案が国会で審議される少し前の三年春。警察庁刑事局長として国会答弁を任された国松孝次（七七）＝後に警察庁長官＝には気がかりなことがあり、現場の第一線で活躍していたある刑事に電話をかけた。

「この法律によって暴力団は摘発を逃れようと地下に潜り込み、捜査がやりづらくなるのでないか」

相談を受けたのは福岡県警捜査四課長だった古賀利治。古賀は「ヤクザは法律を作らなくてもこれから必ず地下に潜行する。今のうちに法律を作り警察がたたくとっかかりが必要」と応じた。「ドーベルマン刑事」と異名を取った古賀は大物組長の逮捕など暴力団捜査で全国に名をはせた、たたき上げの刑事だった。現場からの後押しを受けた国松は不安を一掃し、国会答弁に挑んだ。

國松刑事局長が、暴力団対策法に関して古賀課長の意見を聞いていたことは知らなかった。ただ、古賀課長が四課長時代に、一度、國松局長が会議か何かで福岡県警に来られたことがある。その夜、我々一般の捜査第四課員も出席して、懇親会が開かれた。その際、國松局長と古賀課長が親しく話していたのを覚えている。

古賀課長は、昭和六十一年から六十二年の道仁会対山口組系伊豆組抗争当時は、捜査第四課理事官という、課長に次ぐポストだったが、その後の福岡県警暴力団対策に大きな足跡を残した。

古賀課長に対しては、捜査第四課理事官当時もそれ以後も、何度か暴力団が命を狙っているとの情報があった。古賀課長は自分に対する保護対策は一切拒否し、常に先頭に立ち続けた。誰にでもできることではない。

私は捜査第四課当時、直属の部下だったが、その後の暴力団対策において古賀課長を師とも反面教師ともしてきた。

県警は工藤會をはじめ福岡県内の暴力団と、ここまで対決姿勢を鮮明にしているのかと思い知らされた。今の私はそれが暴力団と警察とのあるべき姿だと思う。それは、古賀課長という存在を抜きには考えられない。

ともに捜査に従事した暴力犯刑事について少し述べたい。

暴力団内部から情報を取ることができる刑事を、ここでは情報マンと呼びたいと思う。

平成十五年八月の倶楽部ぼおるど襲撃事件の時、私に真っ先に報告してくれたのは、高橋修・元班長（警部）だった。当時は巡査部長だった。

高橋班長は、私と同じ年だが、大学卒業後、民間で働き、私より八年遅く、昭和五十八年四月に福岡県警察官となった。野球の好きなスポーツマンだった。

暴力団員、特に幹部からの情報収集で、高橋班長はずば抜けていた。ただ、高橋班長が担当していた業務の大部分が、現在継続中の工藤會事件と関わっている。具体的な話は残念ながらできない。

高橋班長のやり方は正攻法だ。取り調べた暴力団員の大部分とは、その後も人間対人間の関係を維持していた。もちろん、そのことは高橋班長と相手にしかわからない。取調べで何らかの便宜を図るということもない。

高橋班長の情報収集のやり方は、そのことを知っている人間から聞く、というシンプルなものだ。

話を聞く必要がある暴力団員が、もし身柄拘束中なら、拘置所や刑務所に何度も足を運び直接面会した。警察署に勾留中であれば、その者の事件担当者に断った上で取り調べた。ただ、ベテランの捜査員ほど、自分が取り調べている身柄を、他の捜査員に調べられることを好まない。やはり刑事としてのプライドが傷つくのだろう。

必要に応じ、私も、その暴力団員の事件を担当している班長、管理官などの了解を取るのだが、自分の身柄と思っている暴力団員を、第三者に取り調べられることに不満を持つ捜査員もいた。そのような不満が、時に誤解となり、高橋班長への中傷となることもあった。

プライドに関して言うと、情報マン同士の仲は良くないことが多いようだ。直接、私に不満を言ってくれれば、誤解を解くこともできたが、残念ながら、そのような人に限って私に話を持ってくることはなかった。髙橋班長も何度か悔しい思いをしたはずだ。敵対関係にある暴力団員と警察官であっても、一対一の人間と人間という気持ちで話せば、やはり心は通じるものだ。

そして、暴力団員、特に上位の幹部たちには、きれい事や嘘など通用しない。暴力団員の多くは、同情すべき生い立ちや複雑な家庭環境などを抱えている。本物の暴力犯刑事は、同じ人間として、時に相手の悩み悲しみに共感し、一方で相手の悪い点もはっきりと指摘する。

「工藤會は悪い」

髙橋班長の口から、何度となく工藤會幹部や組員は聞かされたはずだ。

ある時、髙橋班長が、一人の工藤會幹部を取り調べた。その幹部は工藤會のジギリで、十数年服役後、数年前に出所したばかりだった。これから再出発という時期だった。工藤會側からしてみれば、「微罪」の事件でこの幹部を逮捕した。

事件自体は客観的証拠も揃い、幹部も事実行為は認めた。そして起訴され有罪となった。出所後間もないということで執行猶予は付かず懲役となった。幹部は控訴することなく、潔く刑に服した。刑務所に移管される時も、髙橋班長と幹部は互いに笑顔で別れた。服役中も何度か面会したが、相手の態度は出所後まで変わらなかったという。

高橋班長は、上司である私に対しても「こんなこと言うていいんか、どうかわからんけど……」と言いながら直言してくれた。

情報マンの中には、上司に全てを話そうとしない人も時にいる。高橋班長は「ここだけの話、本当はこうでした……」とありのままを話してくれた。

福岡県内暴力団の最高幹部が、ある都道府県警察に詐欺罪で逮捕され、起訴された。その後、一審で無罪が確定した。最高幹部の取調べを担当した警部補は、幹部が起訴され、最後の取調べの時にこう言った。

「これからはお互いノーサイドで行きましょう」

ラグビーの言葉で、試合が終われば敵も味方もないという意味だ。

私が知っている情報マンで、そんなことを言う人間はいない。暴力団を相手にしていると、時に面と向かって脅されることもある。敵である暴力団から嫌われ、憎まれることは当然のことだ。それを恐れていては仕事にならない。

よくいわれる言葉に、「警察官には定年があるが、ヤクザには定年がない、ヤクザは死ぬまでヤクザだ」というのがある。つまり、定年後は気をつけろということだ。

たしかに警察官という職業には定年がある。だが、警察官としての生き様、警察官としての誇りに定年はない。定年後も「後輩たちに迷惑はかけられない」という警察官OBが大部分だ。刑事に限らず、真の警察官には覚悟がある。

「殺《や》るなら殺れ。相手にはそう言いました」

何人ものベテラン暴力犯刑事から、その言葉を聞いた。その覚悟があるから、相手の暴力団員も心を開くのだ。

人間対人間の関係ができた相手は、面と向かって嘘はつかない。ただ、相手も組織の人間だから言えないことの方が多いだけだ。特に幹部になればなるほどそうだ。「あの事件は誰がやった」とか「今度、どこどこをやる」なんて話をするわけがない。

髙橋班長に面と向かって嘘をつく幹部はいなかった。都合の悪いことは言わない。しかし、知っているはずなのに何も言わない、そのことも重要な情報になり得るのだ。

複数の事業者襲撃事件等に関与し、長期実刑判決を受けた工藤會組員がいる。当時、髙橋班長は彼と時々接触していた。一連の事件に何らかの形で関与しているのは間違いないと、私も考えていた。髙橋班長は、彼は直接事件に関与していると感じていた。もちろん、彼の口からそのような話は出て来ることは絶対にない。結果は、髙橋班長が考えたとおりだった。

平成二十八年八月、髙橋班長が亡くなった。六十歳、早すぎる突然の死だった。翌週には久しぶりに二人で飲もうと約束していた。

「はい！　髙橋です。髙橋修です！」そんな電話が今でも掛かってきそうな気がする。

工藤會頂上作戦では、五代目工藤會・田上不美夫会長が、数日間の逃亡を経て、ある捜査員に電話をかけてきて逮捕された。その相手は髙橋班長だった。

先日、捜査第四課管理官時代の元部下たちと酒を飲む機会があった。元部下の一人から「管理官は、『メリハリ付けろ、休め』と言ってましたが、全然休めませんでしたね」と言われてしまった。丁度、倶楽部ぼおるど襲撃事件が発生し、工藤會への徹底取締りを上司から命ぜられ、休む余裕もなかったのが実情だ。

警察の場合、現場警察官だけではなく、署長や機動隊長などの現場指揮官も負傷したり殉職したりすることもあった。部下と苦労をともにする、その気持ちは大事だ。しかし、そのことが現場に過大な負担を強いてきた点は見逃せない。精神主義だけでは勝てないこともあるのだ。

暴力犯刑事、特に情報マンと呼ばれるような刑事は、時に誹謗中傷を受けることもあった。福岡県警の中には実際に暴力団関係者から金を受け取るような者がいた。そのような者に限って知ったかぶりをし、県警にはろくな情報も上げてきはしない。

工藤會に翻弄され続けてきた福岡県警、それを「無能」と言いたい者は言えばいい。しかし、振り返って見ると、限られた武器で、現場の捜査幹部や捜査員は懸命に頑張ってきた。そして今も全国で多くの警察官は頑張っている。

おわりに

工藤會の組員数はピークだった平成二十年の七百三十人から、約三分の一の二百六十人に減っている（令和元年末時点）。

令和になってからも工藤會を離脱する暴力団員は後を絶たない。

令和二年二月、工藤會のシンボル、活動の拠点として辺りに威容を誇っていた工藤會本部事務所が解体され更地となった。

この土地は、北九州市や福岡県警の積極的な支援により、現在、私が勤務する福岡県暴力追放運動推進センターが工藤會関係企業から一旦購入、センター所有になった後、福岡市の企業に売却した。

いわば「工藤會本丸」の落城だ。

しかし、暴力団壊滅は未だ道半ばだ。根を絶たない限り、彼らは再び、枝や幹を伸ばしてくるだろう。

本書執筆中、警視庁が山口組國粹会幹部らを恐喝事件で検挙した。東京のど真ん中、中央区銀座の高級クラブなどから、毎月、みかじめ料を徴収していた容疑だ。

仕事柄、色々な業界の方とお話しする機会があった。間違いなくみかじめ料を支払っていると思われる人たちでも、誰一人、それを認める人はいなかった。少なくとも、しばらくはこのような状況が続くだろう。

「敗軍の将は兵を語らず」という言葉がある。

本文中でも触れたように、私が直接工藤會を担当していた平成二十四年は特に工藤會による襲撃事件が多発した。私が在任中に検挙できたのはわずかに一件、しかも福岡高裁で無罪が確定している。やられっぱなしと言っていい状況だ。

その後、福岡県警により、その多くが検挙、解決されたが、それは私が担当を外れてからのことだ。

私はもちろん、工藤會に「勝った」などとは思っていない。ただ「負けた」とも思っていない。

それは、工藤會のトップの検挙、工藤會本部事務所解体に至るまで、現場で懸命に戦ってきた警察の担当幹部、捜査員、制服警察官、そしてそれを支えてくれた、市民、行政の地道な努力を誰よりも知っているからだ。

私は戦争を賛美する者ではない。だが、「平和を欲するなら戦いに備えよ」という古代ローマの格言、そしてフランスの哲学者パスカルの言葉とされた「力なき正義は無力である。正義なき力は暴力である」を座右の銘としてきた。

唯一の趣味である読書で、歴史、特に戦史、戦略論を読みあさってきたが、その結果、学んだものは次のことだ。それは、戦いに勝つためには、より正確な情報に基づき、戦略を立て、そして現場には戦えるだけの武器を与え、兵站を維持しなければ勝利は望めないということだ。

持てる武器で、暴力団対策の現場は必死に戦ってきた。しかし、現場の努力だけでは解決できないことがあることを今一度、強調しておきたい。

本書では、ヤクザ、暴力団の歴史にはほとんど触れていない。初稿段階では、歴史部分だけで本書一冊分以上になってしまった。

近代では、北九州出身で戦前、国会議員を務めた吉田磯吉と、三代目山口組・田岡一雄組長に関する記述が相当部分を占めた。残念ながら今回は割愛した。

ヤクザの「歴史」を扱った本では、吉田磯吉はまるで「近代ヤクザの祖」「山口組の祖」のように書かれている。私は彼を「ヤクザ」とは思っていない。

田岡組長の功罪はともかく、戦後暴力団に与えた影響は極めて大きなものがある。

別の機会にぜひ、磯吉の汚名を濯《すす》ぎ、田岡組長についても書いてみたいと思う。

神戸山口組から脱退した絆會がかつて任俠山口組を名乗っていたように、暴力団は全て任俠団体を表明している。それが、建前に過ぎないことを、ご理解いただけたのなら、これほど嬉しいことはない。

最後に、本書の誕生に全面的にご協力いただいた文藝春秋・小田慶郎氏、編集を担当いただいた髙橋大介氏、そして本書誕生のきっかけを作っていただいた朝日新聞・小野大輔氏に心よりお礼申し上げます。

また、ほとんど家庭を顧みることのなかった私を支えてくれた、妻と子供たちに本書を捧げたい。

令和二年五月　　藪　正孝

［著者・公式ホームページ］
暴追ネット福岡　https://www.ne.jp/asahi/fukuoka/home/

編集　高橋大介

藪 正孝（やぶ まさたか）
1956年北九州市戸畑区生まれ。高校を卒業して一浪後、福岡県警察官を拝命。主に刑事部門、特に暴力団対策部門に携わる。2003年3月捜査第四課に新設された北九州地区暴力団犯罪対策室副室長に就任。以後、10年間、大半を指定暴力団工藤會対策に従事。2008年全国初の暴力団対策部の設置準備作業を担当するとともに、工藤會取締りを担当する北九州地区暴力団犯罪捜査課長、暴力団対策部副部長等を歴任。2016年2月地域部長を最後に定年退職。同年4月から公益財団法人福岡県暴力追放運動推進センター専務理事を務める。2019年暴力団に関するより正確な情報を発信するため暴追ネット福岡を開設。

文春新書

1263

県警《けんけい》VS暴力団《ぼうりょくだん》 刑事《けいじ》が見《み》たヤクザの真実《しんじつ》

2020年5月20日 第1刷発行
2021年9月10日 第3刷発行

著者 藪 正孝
発行者 大松芳男
発行所 株式会社 文藝春秋

〒102-8008 東京都千代田区紀尾井町3-23
電話 (03) 3265-1211 (代表)

印刷所 理想社
付物印刷 大日本印刷
製本所 大口製本

定価はカバーに表示してあります。
万一、落丁・乱丁の場合は小社製作部宛お送り下さい。
送料小社負担でお取替え致します。

ISBN978-4-16-661263-5